La philosophie est une réflexion pour qui toute matière étrangère est bonne, et nous dirions volontiers pour qui toute bonne matière doit être étrangère.

Georges Canguilhem

Proust et les idées sensibles

MAURO CARBONE

Proust et les idées sensibles

VRIN

Matière Étrangère

Directeur de collection :
Bruce Bégout

© Librairie Philosophique J. VRIN, 2008

ISBN 978-2-7116-1907-8

...comme si nos plus belles idées étaient comme des airs de musique qui nous reviendraient sans que nous les eussions jamais entendus, et que nous nous efforcerions d'écouter, de transcrire.

Marcel Proust, *Le temps retrouvé* [*].

[*] Dans *À la Recherche du temps perdu*, édition publiée sous la direction de J.-Y. Tadié, « Bibliothèque de la Pléiade », Paris, Gallimard, 1989, vol. IV, p. 456-457.

« chercher ? pas seulement : créer »

Je me propose de *prendre à la lettre* un passage long et très célèbre tiré de la dernière partie du premier chapitre de la *Recherche* de Marcel Proust, une partie dont le contenu est désormais à peu près fixé sous le titre de « *Résurrection de Combray par la mémoire involontaire* »[1]. Voici ce passage.

> Il y avait déjà bien des années que, de Combray, tout ce qui n'était pas le théâtre et le drame de mon coucher, n'existait plus pour moi, quand un jour d'hiver, comme je rentrais à la maison, ma mère, voyant que j'avais froid, me proposa de me faire prendre, contre mon habitude, un peu de thé. Je refusai d'abord et, je ne sais pourquoi, me ravisai. Elle envoya chercher un de ces gâteaux courts et dodus appelés Petites Madeleines qui semblent avoir été moulés dans la valve rainurée d'une coquille de Saint-Jacques. Et bientôt, machinalement, accablé par la morne journée et la perspective d'un triste lendemain, je portai à mes lèvres une cuillerée du thé où j'avais laissé s'amollir un morceau de madeleine. Mais à l'instant même où la gorgée mêlée des miettes du gâteau toucha mon palais, je tressaillis, attentif à ce qui se passait d'extraordinaire en moi. Un plaisir délicieux m'avait envahi, isolé, sans la notion de sa cause. Il m'avait aussitôt rendu les vicissitudes de la vie indifférentes, ses désastres inoffensifs, sa brièveté illusoire, de la même façon qu'opère l'amour, en me remplissant d'une essence précieuse : ou plutôt cette essence n'était pas en moi, elle était moi. J'avais cessé de me sentir médiocre, contingent, mortel. D'où avait pu me venir cette puissante joie ? Je sentais qu'elle était liée au goût du thé et du gâteau, mais qu'elle

1. M. Proust, *Du côté de chez Swann*, dans *À la Recherche du temps perdu*, édition publiée sous la direction de J.-Y. Tadié, « Bibliothèque de la Pléiade », Paris, Gallimard, 1987, vol. I, p. 1524.

le dépassait infiniment, ne devait pas être de même nature. D'où venait-elle ? Que signifiait-elle ? Où l'appréhender ? Je bois une seconde gorgée où je ne trouve rien de plus que dans la première, une troisième qui m'apporte un peu moins que la seconde. Il est temps que je m'arrête, la vertu du breuvage semble diminuer. Il est clair que la vérité que je cherche n'est pas en lui, mais en moi. Il l'y a éveillée, mais ne la connaît pas, et ne peut que répéter indéfiniment, avec de moins en moins de force, ce même témoignage que je ne sais pas interpréter et que je veux au moins pouvoir lui redemander et retrouver intact, à ma disposition, tout à l'heure, pour un éclaircissement décisif. Je pose la tasse et me tourne vers mon esprit. C'est à lui de trouver la vérité. Mais comment ? Grave incertitude, toutes les fois que l'esprit se sent dépassé par lui-même ; quand lui, le chercheur, est tout ensemble le pays obscur où il doit chercher et où tout son bagage ne lui sera de rien. Chercher ? pas seulement : créer. Il est en face de quelque chose qui n'est pas encore et que seul il peut réaliser, puis faire entrer dans sa lumière.

Et je recommence à me demander quel pouvait être cet état inconnu, qui n'apportait aucune preuve logique, mais l'évidence de sa félicité, de sa réalité devant laquelle les autres s'évanouissaient. Je veux essayer de le faire réapparaître. Je rétrograde par la pensée au moment où je pris la première cuillerée de thé. Je retrouve le même état, sans une clarté nouvelle. Je demande à mon esprit un effort de plus, de ramener encore une fois la sensation qui s'enfuit. Et, pour que rien ne brise l'élan dont il va tâcher de la ressaisir, j'écarte tout obstacle, toute idée étrangère, j'abrite mes oreilles et mon attention contre les bruits de la chambre voisine. Mais sentant mon esprit qui se fatigue sans réussir, je le force au contraire à prendre cette distraction que je lui refusais, à penser à autre chose, à se refaire avant une tentative suprême. Puis une deuxième fois, je fais le vide devant lui, je remets en face de lui la saveur encore récente de cette première gorgée et je sens tressaillir en moi quelque chose qui se déplace, voudrait s'élever, quelque chose qu'on aurait désancré, à une grande profondeur ; je ne sais ce que c'est, mais cela monte lentement ; j'éprouve la résistance et j'entends la rumeur des distances traversées.

Certes, ce qui palpite ainsi au fond de moi, ce doit être l'image, le souvenir visuel, qui, lié à cette saveur, tente de la suivre jusqu'à moi. Mais il se débat trop loin, trop confusément ; à peine si je perçois le reflet neutre où se confond l'insaisissable tourbillon des couleurs remuées ; mais je ne peux distinguer la forme, lui demander, comme au seul interprète possible, de me traduire le témoignage de sa contemporaine, de son inséparable compagne, la saveur, lui demander de m'apprendre de quelle circonstance particulière, de quelle époque du passé il s'agit.

Arrivera-t-il jusqu'à la surface de ma claire conscience, ce souvenir, l'instant ancien que l'attraction d'un instant identique est venue de si loin solliciter, émouvoir, soulever tout au fond de moi ? Je ne sais. Maintenant je ne sens plus rien, il est arrêté, redescendu peut-être ; qui sait s'il remontera jamais de sa nuit ? Dix fois il me faut recommencer, me pencher vers lui. Et chaque fois la lâcheté qui nous détourne de toute tâche difficile, de toute œuvre importante, m'a conseillé de laisser cela, de boire mon thé en pensant simplement à mes ennuis d'aujourd'hui, à mes désirs de demain qui se laissent remâcher sans peine.

Et tout d'un coup le souvenir m'est apparu [1].

Telles sont les pages auxquelles je voudrais consacrer, d'un point de vue assurément philosophique, mon *analyse textuelle*. Comme je viens de le dire, on les classe d'habitude parmi celles qui relatent la découverte de la mémoire involontaire. Mais nous pouvons affirmer qu'elles décrivent avant tout l'expérience d'une *intuition eidétique* : l'expérience par laquelle le protagoniste de la *Recherche* goûte à nouveau l'« *essence* » même du pays dans lequel il passait ses vacances quand il était enfant, expérience qui lui donne de ce pays – comme on le dit aussi – l'*idée*, qui lui offre en somme, comme l'a écrit Gilles Deleuze, « l'en-soi de Combray » [2]. Toujours avec Deleuze, nous pourrions définir cette essence comme *mythique* [3], *non seulement cherchée mais créée*, comme l'admet le Narrateur lui-même, et aussi projetée, Deleuze le dit avec raison, dans « un passé qui ne fut jamais présent » [4], « dans le passé pur de l'Idée » [5]. Mais l'absence de toute « preuve logique » dans l'état d'esprit de « puissante joie » qui en

1. *Ibid.*, p. 44-46.
2. G. Deleuze, *Différence et répétition*, Paris, P.U.F., 1968, p. 115, *cf.* également *Proust et les signes*, Paris, P.U.F., 1964 ; 1996, p. 70-76.
3. *Cf.* G. Deleuze, *Différence et répétition, op. cit.*, p. 119.
4. *Ibid.*, p. 115.
5. *Ibid.*, p. 119.

accompagne l'intuition ne revient certainement pas à nier « l'évidence de sa félicité, de sa réalité devant laquelle les autres s'évanouissaient », puisque l'essence mythique dont l'intuition a surgi ici n'était pas simplement, avertit le Narrateur, « en moi, elle était moi ».

On sait que, depuis l'époque de ses études, Marcel Proust s'était intéressé aux théories (particulièrement celles esthétiques) d'Arthur Schopenhauer[1], dont l'influence sur ses conceptions ultérieures a été soulignée par plusieurs commentateurs[2], et, à mon avis, surévaluée par eux[3]. Il reste que, dans *Le monde comme volonté et comme représentation*, le troisième livre – celui consacré justement aux analyses des arts et intitulé de manière significative « La représentation, considérée indépendamment du principe de raison. L'idée platonicienne. L'objet de l'art » – contient un paragraphe qui s'attarde sur l'*intuition eidétique* et qu'il est important de considérer ici : il s'agit du trente-quatrième.

D'une manière qui rappelle l'essence de Combray dont, nous l'avons vu, le Narrateur proustien nous avertit qu'elle *fait tout un* avec la sienne, Schopenhauer, dans ce paragraphe, observe « que dans l'idée, lorsqu'elle se dégage, le sujet et l'objet sont inséparables, parce que c'est en se remplissant et se pénétrant avec une égale perfection de part et d'autre qu'ils font naître l'idée »[4]. En somme,

---

1. *Cf.* L. Fraisse, *L'esthétique de Marcel Proust*, Paris, Sedes, 1995, p. 7.

2. Outre S. Beckett, *Proust*, London, Chatto & Windus, 1931, trad. fr. par E. Fournier, Paris, Minuit, 1990, *cf.* de manière exemplaire A. Henry, *Marcel Proust, théories pour une esthétique*, Paris, Klincksieck, 1981, ainsi que J.-J. Nattiez, *Proust musicien*, Paris, Christian Bourgois, 1984.

3. J'ai cherché à montrer la surévaluation de l'influence que la pensée de Schopenhauer a exercé sur le rôle et la caractérisation de la musique dans la *Recherche* : *cf.* M. Carbone, *Composing Vinteuil : Proust's Unheard Music*, « Res », n. 47, autumn 2005, p. 163-165.

4. A. Schopenhauer, *Die Welt als Wille und Vorstellung* [1819], trad. fr. par A. Burdeau, revue et corrigée par R. Roos, *Le monde comme volonté et comme représentation*, Paris, P.U.F., 2003, p. 233, § 34.

d'après un autre passage du même paragraphe, dans l'intuition eidétique l'homme « se perd complètement [dans son objet], oublie son individu propre, sa volonté, et ne subsiste que comme sujet pur, comme clair miroir de l'objet, de telle façon que tout se passe comme si l'objet existait seul, sans personne qui le perçoive, qu'il soit impossible de distinguer le sujet de l'intuition elle-même et que celle-ci comme celui-là se confondent en un seul être, en une seule conscience entièrement occupée et remplie par une vision unique et intuitive » [1].

En d'autres termes, l'intuition eidétique comporte la *suspension* de mon individualité (et donc, souligne Schopenhauer, « de tous les liens de la volonté » [2]), donnant lieu à une expérience d'indistinction par rapport à l'objet, lequel est ainsi élevé à son propre *eidos*, et offert à la contemplation qu'il m'est donné d'en avoir puisque je suis à mon tour élevé à l'état de « *pur sujet connaissant* » [3].

D'ailleurs, le Narrateur proustien fait remarquer lui aussi à quel point cette essence de Combray qui fait un avec la sienne propre excède son sentiment d'être « médiocre, contingent, mortel », c'est-à-dire, précisément, son individualité. Toutefois, bien loin de l'élever, d'une manière platonicienne, à l'état de « pur sujet connaissant », l'intuition d'une telle essence est celle de lui-même en tant que, précise Proust, « pays obscur où il doit chercher et où tout son bagage ne lui sera de rien ». En d'autres mots, l'essence qui *est* moi-même *opacifie* mon être sujet[4], indique Proust, qui met ainsi en évidence, par rapport à Schopenhauer, un écart antiplatonicien dans sa description de l'intuition eidétique.

---

1. *Ibid.*, p. 231.
2. *Ibid.*
3. *Ibid.*
4. L'essence qui, dans son opacité, *est moi* est définie comme « singularité », dans R. Breeur, *Singularité et sujet. Une lecture phénoménologique de Proust*, Grenoble, Millon, 2000. *Cf.* en particulier p. 24.

Mais arrêtons-nous plus longuement sur cette description. Elle est, comme nous l'avons lu, celle d'une expérience *instantanée* et *extra-ordinaire*, d'une certaine façon violente. Schopenhauer affirme du reste que « ce passage possible, mais toujours *exceptionnel*, de la connaissance ordinaire des choses particulières à celle des Idées, se produit *brusquement* [*plötzlich*] » [1].

Sur la base de la description proustienne, nous pourrions même définir l'expérience dans laquelle une intuition eidétique nous est donnée comme une expérience de *choc*, terme qui, comme on le sait, a été utilisé à propos de Proust pour la première fois par Walter Benjamin [2]. Mais relisons attentivement le passage à cet égard le plus significatif de la description proustienne : « Mais à l'instant même où la gorgée mêlée des miettes du gâteau toucha mon palais, je tressaillis, attentif à ce qui se passait d'extraordinaire en moi. Un plaisir délicieux m'avait envahi, isolé, sans la notion de sa cause ».

Ce passage permet de préciser que le choc en question est à qualifier, avec Erwin Straus et Henri Maldiney, d'*esthético-pathique* [3], puisqu'il advient en vertu d'une rencontre avec le sensible (« la gorgée [...] toucha mon palais ») qui ne se donne jamais sans une tonalité

1. A. Schopenhauer, *Le monde comme volonté et représentation*, trad. cit., p. 230 ; je souligne.

2. *Cf.* W. Benjamin, *Über einige Motive bei Baudelaire* [1939-1940], in *Gesammelte Schriften*, Suhrkamp, Frankfurt a. M., 1972-77, Bd. I, 2, hrsg. v. R. Tiedemann und H. Schweppenhäuser, p. 605-653, trad. fr. par M. de Gandillac revue par J. Lacoste, *Sur quelques thèmes baudelairiens*, dans *Charles Baudelaire. Un poète lyrique à l'apogée du capitalisme*, Paris, Payot, 1982, p. 147-208.

3. *Cf.* E. Straus, *Vom Sinn der Sinne. Ein Beitrag zur Grundlegung der Psychologie*, Berlin, Springer, 1935, 1956², trad. fr. par G. Thinès et J.-P. Legrand, *Du Sens des Sens. Contribution à l'étude des fondements de la psychologie*, Grenoble, Millon, 1989, ainsi que H. Maldiney, *Le dévoilement de la dimension esthétique dans la phénoménologie d'Erwin Straus* [1966], dans *Regard Parole Espace*, Lausanne, L'Âge d'Homme, 1973, 1994², p. 124-146. *Cf.* également R. Bernet, *La vie du sujet. Recherches sur l'interprétation de Husserl dans la phénoménologie*, Paris, P.U.F., 1994, p. 255 : « Pour Proust, le mécanisme associatif par lequel les sensations anciennes et enfouies sont ressuscitées est de nature affective. Le choc des sensations produit une sorte de résonance affective ».

affective qui lui est propre (« un plaisir délicieux m'avait envahi »), comme l'avait par ailleurs déjà fait remarquer Husserl dans le domaine de la phénoménologie[1].

Ce choc esthético-pathique décrit par Proust rompt l'évidence des comportements habituels qu'il synthétise dans l'expression « machinalement » : évidence que Husserl classifierait dans l'« attitude naturelle » qui, explique-t-il, mène à considérer le monde comme « *ici pour moi* », comme « *présent* [*vorhanden*] », « comme un monde qui est de manière préliminaire » et doué de propriétés objectives[2]. D'un côté, nous pouvons donc affirmer que l'intuition eidétique décrite par Proust arrive comme un choc esthético-pathique qui révèle à quel point elle est revêtue d'une valeur particulière d'*épokhè*, valeur que suggérait déjà Schopenhauer[3]. D'un autre côté, nous devons prendre acte du fait que cette valeur impose une confron-

---

1. *Cf.* par exemple E. Husserl, *Ideen zu einer reinen Phänomenologie und phänomenologischen Philosophie*, I, *Allgemeine Einführung in die reine Phänomenologie* [1913], « Husserliana », Bd. III, hrsg. v. W. Biemel, Den Haag, Martinus Nijhoff, 1950, trad. fr. par P. Ricœur, *Idées directrices pour une phénoménologie*, Paris, Gallimard, 1950, § 27, p. 90, où l'on lit que le monde « n'est pas là pour moi comme un simple *monde de choses* (Sachen) mais, selon la même immédiateté, comme *monde des valeurs*, comme *monde de biens*, comme *monde pratique*. D'emblée je découvre les choses devant moi pourvues de propriétés matérielles, mais aussi de caractères de valeurs : elles sont belles et laides, plaisantes et déplaisantes, agréables et désagréables, etc. [...] Ces valeurs et ces aspects pratiques appartiennent eux aussi à *titre constitutif aux objets "présents" en tant que tels*, que je m'occupe ou non d'eux – ou des objets en général. Ce qui est vrai "des simples choses" (*Dinge*) vaut naturellement aussi pour les hommes et les animaux de mon entourage. Ce sont mes "amis" ou mes "ennemis", mes "subordonnés" ou mes "supérieurs", des "étrangers" ou "parents", etc. ».

2. Cf. *Ibid.*, respectivement § 27, p. 87 et § 31, p. 96-97.

3. La valeur particulière d'*épokhè* de l'expérience décrite par Proust est ainsi thématisée par Jacques Garelli : « en même temps que l'ordre contingent de la vie est suspendu, une veritable parenthèse, ou si l'on veut une étrange *épokhè*, à la fois naturelle et spontanée des conditions d'existence ontique est opérée, puisque les vicissitudes de la vie sont désormais perçues comme "indifférentes, ses désastres inoffensifs et sa brièveté illusoire" » (J. Garelli, *Rythmes et mondes*, Grenoble, Millon, 1991, p. 151).

tation de la description proustienne avec la démarche donnée au thème de l'*épokhè* par le même Husserl, et avant lui par Descartes.

Pour problématiser l'attitude « naturelle » envers le monde, il est bien connu que Husserl propose de mettre en œuvre ce qu'il définit comme une « *épokhè* phénoménologique », qu'il rapporte explicitement à la « tentative de doute universel » engagée par Descartes[1]. Husserl fait référence à la troisième *Méditation métaphysique*, qui commence ainsi : « Je fermerai maintenant les yeux, je boucherai mes oreilles, je détournerai tous mes sens, j'effacerai même de ma pensée toutes les images des choses corporelles, ou du moins, parce qu'à peine cela se peut-il faire, je les réputerai comme vaines et comme fausses ; et ainsi m'entretenant seulement moi-même, et considérant mon intérieur, je tâcherai de me rendre peu à peu plus connu et plus familier à moi-même »[2].

Dans le passage de la *Recherche* que nous considérons ici, cette phrase de Descartes semble trouver un écho dans la description des efforts répétés du Narrateur pour donner « un éclaircissement » − terme comportant des réminiscences cartésiennes importantes, et dont la racine revient ailleurs dans le passage que nous examinons − au sens du choc esthético-pathique subi.

Les premiers de ces efforts lui avaient permis auparavant de dépasser tout au moins la « croyance » en l'« objectivisme »[3] en vertu de laquelle on tend à attribuer à l'*objet* le sens naissant dans la *rencontre* avec lui, croyance qui caractérise par ailleurs ce que Husserl appelle « l'attitude naturelle ». Mais attention : ce qui l'avait conduit à ce résultat n'était pas le *succès* de ces efforts, mais bien plutôt leur *échec* :

1. *Cf.* E. Husserl, *Idées directrices pour une phénoménologie, op. cit.*, § 31, p. 97.

2. R. Descartes, *Méditations métaphysiques*, chronologie, présentation et bibliographie de J.-M. Beyssade et M. Beyssade, Paris, Flammarion, 1979, p. 97. Je cite ce passage en français parce qu'il paraît plus probable que Proust ait pu le lire dans cette version plutôt que dans l'original latin.

3. *Cf.* G. Deleuze, *Proust et les signes, op. cit.*, p. 37.

« la vertu du breuvage semble diminuer. Il est clair que la vérité que je cherche n'est pas en lui, mais en moi », déduit le Narrateur. Comme il le répète en effet à plusieurs occasions, ses efforts ne lui avaient permis que de « retrouver » « le même état sans une clarté nouvelle ». A ce moment, il décide alors d'opérer un saut qualitatif : « Je demande à mon esprit de faire un effort de plus ». Et c'est précisément à ce moment – dans lequel il s'agit de souligner ce saut qualitatif – que la phrase de Descartes que nous venons d'évoquer trouve, chez Proust, son propre écho, produit non seulement par les analogies entre les situations décrites, mais aussi par quelques occurrences lexicales »[1]. Proust écrit en effet : « Pour que rien ne brise l'élan dont [mon esprit] va tâcher de ressaisir [la sensation qui s'enfuit], j'écarte tout obstacle, toute idée étrangère, j'abrite mes oreilles et mon attention contre les bruits de la chambre voisine ».

Il est d'autre part important de rappeler que la tentative rapportée par Descartes dans la phrase citée ouvre immédiatement sur une annonce décisive dans l'histoire de la pensée occidentale : « Je suis une chose qui pense »[2]. En revanche, l'annonce du Narrateur proustien ne donne aucun fruit : « mon esprit [...] se fatigue sans réussir ». On dirait donc que Proust a voulu faire écho à l'opération cartésienne afin d'en désavouer plus explicitement l'efficace. Tout de suite après, du reste, son Narrateur amorce une autre tentative d'effectuer cette opération en annonçant : « une deuxième fois, je fais le vide devant [mon esprit] ». Mais Proust lui-même avait déjà observé dans l'*Introduction* à sa traduction de *The Bible of Amiens* de John Ruskin : « Il y a longtemps qu'on a percé à jour le sophisme de la liberté

1. Je me réfère à l'usage du verbe « tâcher » et du substantif « oreilles », qu'on se propose dans un cas de « boucher » et dans l'autre d'« abriter ». Jacques Garelli a confronté ces deux passages, avec des intentions qui convergent intimement avec les miennes, dans *Rythmes et mondes, op. cit.*, p. 157. A ce sujet *cf.* pour le moins tout le chapitre portant le titre « De la cire de Descartes à la madeleine de Proust », *Ibid.*, p. 148-167.
2. R. Descartes, *Méditations métaphysiques, op. cit.*, p. 97.

d'indifférence. C'est à un sophisme tout aussi naïf qu'obéissent sans le savoir les écrivains qui *font* à tout moment *le vide dans leur esprit*, croyant le débarrasser de toute influence extérieure » [1].

Inutile de préciser, dès lors, que la deuxième tentative du Narrateur proustien sera également vouée à l'échec, de même que les suivantes : « Dix fois il me faut recommencer, me pencher vers lui. Et chaque fois la lâcheté qui nous détourne de toute tâche difficile, de toute œuvre importante, m'a conseillé de laisser cela, de boire mon thé en pensant simplement à mes ennuis d'aujourd'hui, à mes désirs de demain qui se laissent remâcher sans peine ». Mais voilà que, sans que Proust n'indique aucune relation avec les efforts auxquels le Narrateur s'est soumis, il annonce à la fin : « Et tout d'un coup le souvenir m'est apparu ». C'est donc lorsque le Narrateur renonce à *activer* ses propres tentatives que son souvenir, finalement, *apparaît*.

De toute façon, ce n'est pas seulement l'issue différente des efforts des deux protagonistes qui distingue la description proustienne et celle de Descartes. Reprenant les considérations subtiles de Gilles Deleuze, nous pouvons affirmer que ces efforts se distinguent également, et surtout, par leurs motivations respectives : se « rendre peu à peu plus connu et plus familier à [s]oi-même » pour Descartes, et pour le Narrateur proustien la « *rencontre* fondamentale » avec « quelque chose qui force à penser », comme l'écrit Deleuze [2].

---

1. M. Proust, « Introduction » [1904] à J. Ruskin, *La Bible d'Amiens*, dans M. Proust, *Contre Sainte-Beuve* précédé de *Pastiches et mélanges* et suivi de *Essais et articles*, édition établie par P. Clarac avec la collaboration d'Y. Sandre, « Bibliothèque de la Pléiade », Paris, Gallimard, 1971, p. 140 ; je souligne.

2. G. Deleuze, *Différence et répétition*, *op. cit.*, p. 182 ; *cf.* aussi *Proust et les signes*, *op. cit.*, p. 25 et p. 122. Garelli souligne également que dans la « rencontre » décrite par Proust « il y a [...] un débordement spirituel, mais aussi ontologique, qui n'est pas sans parenté avec celui kantien manifesté par l'"abîme sans fond" des Idées esthétiques, qui "donnent infiniment plus à penser" que ce qu'une conceptualité prédéterminée ne permet d'en saisir » (J. Garelli, *op. cit.*, p. 153-154), comme c'est le cas de celle qui, à son avis, caractérise l'attitude de Descartes. Pour avoir un profil historico-théorique de cette conception de

Dans la position de Proust, Deleuze voit alors tracée « une image de la pensée qui s'oppose à celle de la philosophie [...] de type rationaliste »[1], et vise les présupposés qui nourrissent aussi la démarche imprimée au thème de l'*épokhè* tant par Descartes que par Husserl. Ces présupposés – explique Deleuze – consistent à attribuer aux hommes « une bonne volonté de penser, un désir, un amour naturel du vrai »[2], c'est-à-dire une tendance *spontanément philosophique*. C'est sur de tels présupposés que se fonde la méthode de la philosophie ici en question, juge-t-il. Selon cette philosophie – à son avis – « d'un certain point de vue, la recherche de la vérité serait le plus naturel et le plus facile ; il suffirait d'une décision, et d'une méthode capable de vaincre les influences extérieures qui détournent la pensée de sa vocation et qui lui font prendre le faux pour le vrai »[3]. Par contre, nous avons vu que le Narrateur proustien avoue être sur le point de céder volontiers à la « lâcheté » qui lui conseille « de laisser cela, de boire mon thé en pensant simplement à mes ennuis d'aujourd'hui, à mes désirs de demain qui se laissent remâcher sans peine ». Proust décrit ainsi une tendance humaine spontanément « misosophique », pour reprendre un terme proposé par Deleuze[4], pour lequel, je l'ai dit plus haut, seule la « rencontre fondamentale » avec « quelque chose qui force à penser » peut détourner de cette tendance.

---

la rencontre, *cf.* par ailleurs L. Althusser, *Le courant souterrain du matérialisme de la rencontre*, dans *Ecrits philosophiques et politiques*, Paris, Stock/Imec, 1994, t. 1, p. 539-576, dont j'ai eu connaissance grâce au commentaire de M. Recalcati, *La causa, l'incontro, la traccia : necessità e contingenza tra Althusser e Lacan*, « aut aut », n. 296-297, 2000, p. 211-222.

1. G. Deleuze, *Proust et les signes, op. cit.*, p. 115.
2. *Ibid.*, p. 24.
3. *Ibid.*, p. 115-116.
4. *Cf.* G. Deleuze, *Différence et répétition, op. cit.*, p. 182.

En y regardant de plus près, c'est précisément une telle rencontre qui produit ce que je définissais, en évoquant Benjamin, comme un choc esthético-pathique[1]. Reprenant en outre les observations de Schopenhauer citées au début – et en particulier celle selon laquelle le sujet et le l'objet s'avèrent inséparables dans l'intuition eidétique – il semble possible de soutenir que le choc esthético-pathique, en éveillant notre étonnement à la rencontre avec le sensible, provoque la dépossession de la distinction réciproque entre les pôles actif et passif de la perception, c'est-à-dire qu'il *met en suspens, ensemble, l'habitude et la volonté.*

Si donc le choc esthético-pathique revêt une valeur d'*épokhè*, cette valeur ne consiste pas en une suspension du regard sensible de la *doxa* au nom d'un regard spirituel ou intellectuel qui serait plus vrai, mais en une suspension de l'évidence du regard sensible *dans le sensible même*, de sorte qu'*en lui* la vision des essences puisse se donner, autrement dit, de sorte que le sensible soit traversé par une intuition eidétique qui ne fait qu'un avec cette suspension. En fait, comme l'enseigne Proust et comme le souligne Deleuze, « les essences vivent dans les zones obscures, non pas dans les régions tempérées du clair et du distinct »[2].

En ce qui concerne plus spécifiquement Husserl, il ne semble certes pas comprendre l'*épokhè* – je me réfère ici à l'*épokhè* sur le monde environnant de la vie, l'*épokhè* transcendantale – dans un sens spiritualiste[3]. Néanmoins il tend à caractériser l'*épokhè* mise en œuvre à l'égard de notre « attitude naturelle », en un sens fortement subjectif, comme « attitude non naturelle, *volontaire* »[4], plutôt que de

1. Sur les aspects sensibles et affectifs dont nous avons vu Deleuze décrire la « rencontre fondamentale », *cf. Ibid.*, p. 182 *sq.*
2. G. Deleuze, *Proust et les signes, op. cit.*, p. 122.
3. G. D. Neri, « L'"ouverture" della *Crisi* di Husserl » [1976], dans *Il sensibile, la storia, l'arte. Scritti 1957-2001*, Verona, Ombre corte, 2003, p. 53.
4. *Ibid.*, je souligne.

procéder à la recherche de ce qui pourrait mettre en suspens, ensemble, habitude et volonté. Si, toutefois, on retient que « le spectateur désintéressé, "réduit" par l'*épokhè*, [est] une fiction métaphysique, non moins que le spectateur panoramique au nom duquel la science a prétendu parler du monde en soi et de ses lois » [1], alors il faut se résoudre à prendre au sérieux l'invitation de Merleau-Ponty à penser jusqu'au bout la « passivité de notre activité » [2].

Le présent ouvrage tente de répondre à cette invitation dans une direction ouverte par le même Merleau-Ponty. Comme on le sait, en effet, les pages consacrées à la *Recherche* sur lesquelles s'interrompt *Le visible et l'invisible* commencent par l'affirmation que « personne n'a été plus loin que Proust dans la fixation des rapports du visible et de l'invisible, dans la description d'une idée qui n'est pas le contraire du sensible, qui en est la doublure et la profondeur » [3]. En d'autres termes, Merleau-Ponty attribue à Proust la caractérisation d'idées qui — comme celle de l'amour *incarnée* dans la « petite phrase » de Vinteuil — se révèlent inséparables de leur présentation sensible et qui donc, à la différence des « idées de l'intelligence », sont impossibles à isoler comme des entités positives et activement saisissables. C'est pourquoi, il interprète cette caractérisation proustienne en un sens antiplatonicien, comme il l'avait déjà fait précédemment, dans les notes sur la *Recherche* préparées pour le cours de 1960-61 intitulé « L'ontologie cartésienne et l'ontologie d'aujourd'hui » [4] : notes

1. C. Sini, « Introduzione » à l'édition italienne de M. Merleau-Ponty, *La prose du monde*, trad. it. par M. Sanlorenzo, Roma, Editori Riuniti, 1984, p. 15.

2. M. Merleau-Ponty, *Le visible et l'invisible*, texte établi par C. Lefort, Paris, Tel-Gallimard, 1979, p. 274.

3. *Ibid.*, p. 193.

4. *Cf.* M. Merleau-Ponty, *Notes de cours 1959-1961*, « Préface » de C. Lefort, texte établi par S. Ménasé, Paris, Gallimard, 1996, en particulier p. 191-198. A ce propos, il se demande en effet au cours de ces pages : « N'est-ce pas une conception générale des idées ? » et un peu plus bas : « On dit platonisme, mais ces idées sont sans soleil intelligible » (*ibid.*, respectivement p. 193 et p. 194). Il avait déjà exprimé un jugement analogue dans le

fondamentales, dans la mesure où elles laissent apercevoir les développements que les pages consacrées au même argument dans *Le visible et l'invisible* auraient suivis si la mort de l'auteur ne les avait pas brusquement interrompus.

Au sein de l'attention que Merleau-Ponty n'a cessé de prêter à Proust, voici donc ce qui motive principalement l'intérêt qu'il lui porte dans la dernière période de sa réflexion : pour une formulation philosophique appropriée de la « mutation » du rapport avec nous-mêmes, les autres, les choses, le monde – mutation du rapport avec l'Être, en définitive – que Merleau-Ponty voit à l'œuvre dans notre époque, ce qui est décisif, c'est une description différente du rapport entre sensible et intelligible, une nouvelle conception des idées. C'est vers une telle conception que Proust, selon Merleau-Ponty, s'est avancé plus loin que quiconque.

On sait à quel point Deleuze, tout comme Merleau-Ponty, a trouvé dans la *Recherche* un constant appui pour sa propre réflexion philosophique. Mais il faut aussi souligner que le livre de Deleuze sur Proust et, auparavant, l'article qui le précédait dans la « Revue de métaphysique et de morale » [1], suivent de très peu d'années ces cours de 1960-61 dans lesquels la réflexion de Merleau-Ponty sur la *Recherche* avait trouvé le moyen de se déployer avec beaucoup d'ampleur. Si par ailleurs on considère que la conception proustienne de l'idée – ou « essence » – occupe à son tour une position cruciale dans le livre de Deleuze, il devient facile de comprendre pourquoi, dans le

---

résumé du cours sur *Le problème de la parole* [1953-54] : « Les idées littéraires, comme celles de la musique et de la peinture, ne sont pas des "idées de l'intelligence" : elles ne se détachent jamais tout à fait des spectacles, elles transparaissent, irrécusables comme des personnes, mais non définissables. Ce qu'on a appelé le platonisme de Proust est un essai d'expression intégrale du monde perçu ou vécu » (M. Merleau-Ponty, *Résumés de cours. Collège de France 1952-1960*, Paris, Gallimard, 1968, p. 40).

1. *Cf.* G. Deleuze, « Unité de *A la recherche du temps perdu* », *Revue de Métaphysique et de Morale*, n. 4, 1963, p. 427-442.

présent ouvrage, au chapitre qui examine les tentatives extrêmes de Merleau-Ponty de dégager une *pensée de l'idée sensible* dans l'œuvre proustienne, succède un chapitre qui confronte et met en dialogue ces réflexions avec celles données à son tour par Deleuze sur les mêmes thèmes, afin d'en chercher les voies de développement possibles.

Mais, pour rechercher de tels chemins, une autre direction n'est pas moins importante : celle dans laquelle Deleuze s'engage en se mesurant à la notion platonicienne d'*eidos* — de « forme », idée ou essence, précisément — dans sa tentative de se focaliser sur la tâche de « renverser le platonisme », que Nietzsche avait laissé en héritage à la pensée de notre époque. C'est donc avant tout le texte programmatique de Deleuze à l'origine intitulé justement *Renverser le platonisme*[1] qui sera inévitablement au centre de notre attention. A la lumière de ce texte, l'idée caractérisée par Proust comme inséparable de ses propres manifestations se précise comme « forme » qui se donne, non pas *avant*, mais *ensemble* avec ses propres déformations sensibles : les seules qui puissent ainsi en offrir une présentation, bien qu'indirecte. A son tour, la forme ainsi conçue impose donc de repenser, dans la même direction, le sens de la ressemblance et de la reconnaissance, qui ne trouvent plus dans un modèle préliminaire la référence sur laquelle se fonder. En explorant même le « mystère » d'une *reconnaissance sans ressemblance*, Proust paraît s'être avancé très loin sur ce terrain aussi. Mais explorer ce mystère signifie, en d'autres termes, s'interroger sur la question de savoir comment il est possible de reconnaître ce que l'on ne connaissait pas. L'antique problème du *Ménon* de Platon revient ainsi avec les questions qu'il soulève autour de la genèse de l'idée — c'est-à-dire de la transfor-

---

1. *Cf.* G. Deleuze, « Renverser le platonisme », *Revue de Métaphysique et de Morale*, n. 4, 1967, réédité ensuite sous le titre « Simulacre et philosophie antique », dans *Logique du sens*, Paris, Minuit, 1969, p. 292-324.

mation du particulier en universel –, autour du rôle que joue, dans cette genèse, la mémoire, autour de la configuration de celle-ci, ainsi qu'autour de la nature particulière de ce temps dans lequel les idées semblent vivre.

Le présent ouvrage s'efforce dès lors de se mesurer à ces questions, sur la base de la conception proustienne de l'idée sensible, en assumant une double confrontation, l'une étant celle de la pensée de Merleau-Ponty avec la psychanalyse de Freud, et en particulier avec certaines de ses réflexions sur le fétichisme, l'autre étant celle de la philosophie de Deleuze avec la conception de la mémoire élaborée par les Grecs de l'époque archaïque : confrontations qui, comme les *deux côtés* de la *Recherche*, finissent par révéler leur convergence intime.

La première confrontation amène à porter l'accent sur le « symbolisme primordial » qui transforme le sensible particulier en un universel inséparable de lui grâce à la dynamique d'anticipation et de reprise que révèle le découlement, dans notre existence, d'une temporalité circulaire : une temporalité dans laquelle semble résonner le « temps mythique » des Grecs de l'époque archaïque.

Précisément à la lumière de ces mythes, la seconde confrontation permet de clarifier l'œuvre de cette mémoire, qui s'exerce justement dans la dynamique d'anticipation et de reprise en laquelle s'origine l'idée sensible. Il s'agit de l'œuvre de la mémoire involontaire qui est évoquée dans le passage de la *Recherche* cité en ouverture : une opération *passive* – et partant inséparable de l'action de l'oubli – mais en même temps une opération que le Narrateur proustien définissait, en se corrigeant de manière significative : « Chercher ? pas seulement : *créer* » [1].

---

1. Je souligne. À ce sujet *cf.* également J. Garelli, *op. cit.*, p. 154-156.

Ainsi, la caractérisation antiplatonicienne des idées que Merleau-Ponty trouvait chez Proust se conjugue avec la conception antiplatonicienne de la réminiscence que Deleuze voit chez l'auteur de la *Recherche*, offrant à la pensée et à l'art du XXe siècle (et du siècle suivant…) un miroir dans lequel *se réfléchir.*

Comme ce que je viens d'exposer dans ces dernières pages peut l'avoir suggéré, le présent ouvrage naît de l'exigence d'achever – si ce mot a-t-il quelque sens en philosophie – les recherches que j'avais amorcées dans *La visibilité de l'invisible. Merleau-Ponty entre Cézanne et Proust* [1]. En effet le dernier chapitre de ce précédent livre est devenu, dans une version différente, le premier chapitre du présent ouvrage. D'autres parties déjà publiées ailleurs en français ont également été ici remaniées profondément et parfois profondément élargies, afin de rendre aussi évidents que possible les fils conducteurs qui ont organisé l'ensemble du travail dès sa conception et ses références internes.

Une fois terminé, le présent ouvrage a pu bénéficier des remarques, des avis et de l'encouragement de Remo Bodei, Paolo D'Angelo, Stefano Mistura, Pierre Rodrigo et Pierre Sorlin, ainsi que de la compétence et de la patience de Stefan Kristensen, qui a effectué la traduction française. Je doute de réussir à dire tous mes remerciements à chacun d'eux pour la disponibilité amicale qu'ils m'ont offerte. Je veux remercier aussi la maison d'édition « Quodlibet », qui a publié ce livre en italien, ainsi que le jury du prix « Voyage à Syracuse », qui l'a jugé, *ex-aequo*, meilleur essai philosophique paru en Italie en 2004. Par rapport au livre italien, la présente édition est d'ailleurs enrichie de l'article publié en appendice.

Pendant une période d'enseignement que j'ai passé à Dijon, la traduction française tout entière du livre a été supervisée par moi-

---

1. Hildesheim, Georg Olms Verlag, 2001.

même et par Pierre Rodrigo, dont la générosité à cet égard n'a pu que me rappeler ce que Marguerite Yourcenar écrivit : « qu'il doit y avoir parfois, [...] dans l'aventure d'un livre mené à bien, [...] quelqu'un qui ne laisse pas passer la phrase inexacte ou faible que nous voulions garder par fatigue ; quelqu'un qui relira vingt fois s'il le faut avec nous une page incertaine ; quelqu'un qui prend pour nous sur les rayons des bibliothèques les gros tomes où nous pourrions trouver une indication utile, et s'obstine à les consulter encore, au moment où la lassitude nous les avait déjà faits refermer » [1]. C'est à Pierre Rodrigo, partant, que ce livre est dédié.

1. M. Yourcenar, *Mémoires d'Hadrien* suivi de *Carnets de notes de Mémoires d'Hadrien*, Paris, Gallimard, 1974, p. 343.

la nature : un thème sur des variations
« pourquoi y a-t-il plusieurs exemplaires de chaque chose ? »

nature et ontologie

Les derniers cours donnés par Merleau-Ponty au Collège de France se concentrent sur l'exploration du « concept de Nature », d'une part, et sur « la possibilité de la philosophie aujourd'hui », d'autre part.

Il rassemble en effet sous le premier titre les deux cours de l'année 1956-57 et ceux de 1957-58 – cours qui se déclarent être la « suite », centrée sur « l'animalité, le corps humain, passage à la culture », des précédents ; à ceux-ci s'ajoute le cours de 1959-60, le dernier à avoir été achevé : « Nature et logos : le corps humain »[1].

À la réflexion sur « la possibilité de la philosophie aujourd'hui » on peut en revanche rapporter, outre le cours de 1958-59 où cette phrase est présente, les deux cours interrompus par la mort soudaine de Merleau-Ponty – « Philosophie et non-philosophie depuis Hegel »

---

1. Les résumés que Merleau-Ponty lui-même avait préparé pour ces cours et pour ceux qu'il fut en mesure d'achever au Collège de France sont, comme on sait, rassemblés dans M. Merleau-Ponty, *Résumés de cours, op. cit.* En outre, les cahiers de notes prises par des auditeurs anonymes – considérés comme particulièrement fiables – pendant les deux premiers cycles de cours consacrés au « concept de Nature » ont été publiés avec les notes rédigées par le philosophe lui-même en préparation du troisième cours : *cf.* M. Merleau-Ponty, *La Nature. Notes. Cours du Collège de France*, établi et annoté par D. Séglard, Paris, Seuil, 1995.

et « L'ontologie cartésienne et l'ontologie d'aujourd'hui » [1] –, mais aussi celui donné en 1959-60 et intitulé « Husserl aux limites de la phénoménologie » [2].

Qu'est-ce qui relie ces deux centres d'intérêt, vers lesquels converge la dernière réflexion de Merleau-Ponty ? C'est sans aucun doute la question de la « nouvelle ontologie », qu'il était à l'époque en train d'élaborer, de sa configuration et de son éventuelle formulation philosophique [3].

Les notes préparatoires pour le dernier cours consacré au « concept de Nature » – dont le but avoué dans l'« Introduction » est de définir notamment « la place de ces études dans la philosophie » [4] – affirment en effet : « L'ontologie de la Nature comme voie vers l'ontologie, – voie que l'on préfère ici parce que l'évolution du concept de Nature est une propédeutique plus convaincante, montre plus clairement la nécessité de mutation ontologique » [5].

Qu'il s'agisse de la relecture de ce qu'ils avaient auparavant défini comme « histoire philosophique de l'idée de Nature » [6], ou de

---

1. Les notes préparatoires à ces trois cours sont désormais publiées dans M. Merleau-Ponty, *Notes de cours 1959-1961, op. cit.* J'ai analysé les notes relatives aux deux cours restés inachevés respectivement dans le troisième et cinquième chapitre de mon livre : *Il sensibile e l'eccedente. Mondo estetico, arte, pensiero*, Milano, Guerini e Associati, 1996, auquel je me permets de renvoyer ici.

2. Les notes préparatoires de ce cours ont été publiées dans M. Merleau-Ponty, *Notes du cours sur « L'origine de la géométrie »* suivi de *Recherches sur la phénoménologie de* M. *Merleau-Ponty*, R. Barbaras (dir.), Paris, P.U.F., 1998, p. 11-92.

3. Ce qui est implicitement confirmé par le résumé du cours sur la « Possibilité de la philosophie » dont le début annonce : « on a préféré remettre à l'an prochain la suite des études commencées sur l'ontologie de la Nature, et consacrer les leçons de cette année à des réflexions générales sur le sens de cette tentative et sur la possibilité de la philosophie aujourd'hui » (M. Merleau-Ponty, *Résumés de cours, op. cit.*, p. 141). *Cf.* aussi les correspondantes *Notes de cours 1959-1961, op. cit.*, p. 37-38.

4. M. Merleau-Ponty, *La Nature, op. cit.*, p. 263.

5. *Ibid.*, p. 265.

6. *Ibid.*, p. 117.

l'exploration − à l'aide de la science contemporaine − des « problèmes posés » [1] par une telle histoire, ces cours essayent dès lors de montrer à l'œuvre un rapport entre l'homme et l'Être qui échappe à la formulation moderne de l'affrontement entre sujet et objet, un rapport que notre époque a rendu plus évident, même si elle n'en a pas encore donné une formulation philosophique − une ontologie − explicite (comme cela sera thématisé surtout dans le cours sur « L'ontologie cartésienne et l'ontologie d'aujourd'hui » [2]).

Il est important de souligner que cette recherche ontologique sur la Nature, loin d'opposer un refus à toute perspective scientifique, considère qu'elle ne peut se soustraire à une confrontation avec la science − tout d'abord en étant, critiquement, à son écoute − et cela précisément dans la mesure où telle recherche est ontologiquement orientée. Ce qui ne signifie pas, bien entendu, nourrir l'espoir d'y trouver déjà élaborée l'ontologie qui pourrait remplacer l'ontologie moderne, celle qui conçoit la Nature comme Objet absolu et le Sujet comme *kosmotheoros*, c'est-à-dire comme spectateur tout aussi absolu. La formulation d'hypothèses ontologiques revient en effet à la philosophie, même si celle-ci doit aussi prendre en compte les résultats des recherches scientifiques. Mais en tant que telle − Merleau-Ponty y insiste − « la science n'apporte pas d'ontologie, même sous sa forme négative. Elle a seulement le pouvoir de destituer de pseudo-évidences de leur prétendu caractère d'évidence » [3].

Il souligne alors avec insistance la convergence décisive de différents courants de la recherche scientifique du XXe siècle vers une « destitu-

---

1. *Ibid.*
2. En effet, en introduisant ce cours, M. Merleau-Ponty annonce : « [le] but de ce cours [est de] chercher à formuler philosophiquement notre ontologie qui reste implicite, dans l'air, et [de] le faire par contraste avec l'ontologie cartésienne (Descartes et successeurs) » (M. Merleau-Ponty, *Notes de cours 1959-1961, op. cit.*, p. 166).
3. M. Merleau-Ponty, *La Nature, op. cit.*, p. 145.

tion d'évidence » : l'évidence des deux conceptions opposées de la Nature, le finalisme et le causalisme, que Merleau-Ponty qualifie également d'« *artificialistes* » [1], mais aussi l'évidence de l'idée – qu'il ne considère pas comme moins artificielle – qu'on peut séparer l'essence de l'existence [2].

mélodie et espèce

À une telle destitution d'évidence lui semblent contribuer aussi les théories de Jakob von Uexküll qui, comme on le sait, situent dans l'étude de l'action réciproque entre l'organisme et son milieu concret la tâche spécifique de la biologie en tant que science autonome, inspirée par la conception goethéenne de la connaissance de la nature, et orientée donc en un sens antidarwiniste [3].

C'est justement sur l'analyse des théories de Jakob von Uexküll, parmi celles, nombreuses, auxquelles il se confronte, que l'hypothèse ontologique que Merleau-Ponty essaie d'élaborer vient se greffer de la manière peut-être la plus éclairante. Il souligne en effet que la notion de milieu (*Umwelt*) animal avancée par Uexküll – notion que Merleau-Ponty explique pour sa part comme « le milieu que se taille l'animal » [4] – garde intacte sa nouveauté propre indépendamment du contexte philosophique kantien ou schellingien dans lequel la pensée

---

1. M. Merleau-Ponty, *Résumés de cours, op. cit.*, p. 117.
2. M. Merleau-Ponty soutient en effet que « Il y a un rapport circulaire entre l'Être et les êtres. Il faut ressaisir une vie commune entre l'essence et l'existence » (M. Merleau-Ponty, *La Nature, op. cit.*, p. 180). A ce propos, *cf.* aussi l'ensemble du chapitre intitulé « Interrogation et intuition » du *Visible et l'invisible, op. cit.*, p. 142 *sq.*
3. Il est utile de rappeler que pour M. Merleau-Ponty « la pensée darwinienne » représente « la philosophie artificialiste au plus haut point » en tant qu'elle relève à la fois d'un « ultra-mécanisme » et d'un « ultra-finalisme » (M. Merleau-Ponty, *Résumés de cours, op. cit.*, p. 136).
4. M. Merleau-Ponty, *La Nature, op. cit.*, p. 226.

du biologiste allemand lui semble vouloir la placer[1]. La nouveauté de cette notion consiste plutôt, de l'avis de Merleau-Ponty, dans son irréductibilité au causalisme et au finalisme, tout comme à une conception platonicienne qui l'envisagerait en tant qu'« essence hors du temps »[2]. En prenant appui sur la métaphore qui conduit Uexküll à déclarer – avec une référence explicite à l'embryologiste du XIXe siècle Karl Ernst von Baer – que « le déploiement d'un *Umwelt* c'est une mélodie, une mélodie qui se chante elle-même »[3], Merleau-Ponty relie une telle conception à la caractérisation que Marcel Proust donne de la mélodie comme « Idée platonicienne que l'on ne peut pas voir à part » puisque « il est impossible de distinguer en elle le moyen et la fin, l'essence et l'existence »[4]. Dans les pages du premier volume de la *Recherche* où Proust décrit Swann comme étant parvenu

1. En comparant ce que Uexküll théorise dans *Umwelt und Innenwelt der Tiere* (Berlin, Springer, 1909) et dans *Streifzüge durch die Umwelten von Tieren und Menschen – Ein Bilderbuch unsichtbaren Welten* (Berlin, Springer, 1934), M. Merleau-Ponty observe : « Ces deux interprétations du *Natursubjekt* ne sont pas ce qu'il y a de plus intéressant dans l'œuvre d'Uexküll. La première ne fait que reprendre la solution kantienne, la seconde les intuitions de Schelling. [...] Il y a quelque chose de neuf pourtant : la notion d'*Umwelt* » (M. Merleau-Ponty, *La Nature, op. cit.*, p. 232). On peut trouver une introduction aux étapes les plus importantes de la réflexion philosophique de Uexküll dans la préface de F. Mondella à l'édition italienne la plus récente du deuxième texte cité ci-dessus : J. von Uexküll, *Ambiente e comportamento*, trad. it. par P. Manfredi, Milano, Il Saggiatore, 1967, p. 9-77.
2. « Il faut admettre, dans le tissu même des éléments physiques, un élément trans-temporel et trans-spatial dont on ne rend pas compte en supposant une essence hors du temps » (M. Merleau-Ponty, *La Nature, op. cit.*, p. 230). M. Merleau-Ponty synthétise plus bas : « La notion d'*Umwelt* ne nous permet plus de considérer l'organisme dans son rapport au monde extérieur, comme un effet de ce monde extérieur, ou comme une cause. L'*Umwelt* ne se présente pas devant l'animal comme un but, il n'est pas présent comme une idée » (*Ibid.*, p. 223).
3. J. von Uexküll, cité par M. Merleau-Ponty, *Ibid.*, p. 228. M. Merleau-Ponty citait cette phrase de Uexküll déjà in *La structure du comportement*, Paris, P.U.F, 1942, p. 172, en l'extrayant de l'article de F. Buytendijk, « Les différences essentielles des fonctions psychiques chez l'homme et les animaux », *Cahiers de philosophie de la nature*, IV, p. 131.
4. M. Merleau-Ponty, *La Nature, op. cit.*, p. 228.

désormais à considérer « les motifs musicaux pour de véritables idées »[1] – pages sur lesquelles nous aurons à revenir encore une fois par la suite – nous savons, en effet, qu'une *idée* particulière de l'amour s'est incarnée pour le protagoniste dans le son d'une mélodie – celle de la « petite phrase » de la Sonate de Vinteuil – et qu'elle est devenue inséparable de l'écoute de cette mélodie.

Sur la base d'une telle connexion entre les conceptions de Uexküll et de Proust, Merleau-Ponty en vient à repérer dans les différentes manifestations du comportement zoologique des variations dans lesquelles s'exprime « le thème de la mélodie animale »[2] et, plus généralement, à interpréter la question centrale du rapport entre les parties et le tout[3] – qu'il s'agisse des organes par rapport à l'organisme ou de celui-ci par rapport à son territoire, des relations entre les sexes ou de celles de chaque individu avec les autres ou avec l'espèce – dans les termes d'« un thématisme variable que l'animal ne cherche pas à réaliser par la copie d'un modèle, mais qui hante ses réalisations particulières »[4], en deçà – notamment – du causalisme

---

1. M. Proust, *Du côté de chez Swann*, éd. cit., p. 343.
2. M. Merleau-Ponty, *La Nature, op. cit.*, p. 233. Il est évident que Merleau-Ponty conjugue, dans l'expression citée, l'acception musicale et l'acception biologique du terme « thème ». De cette dernière, André Lalande – en renvoyant en particulier à l'œuvre de R. Ruyer, *Éléments de psycho-biologie*, Paris, P.U.F., 1946 – donne la définition suivante : « ce qui dirige un développement organique, sans le prédéterminer entièrement, mais en admettant plusieurs modes de réalisation possibles suivant les circonstances, ou même d'avortement partiel » (A. Lalande, *Vocabulaire technique et critique de la philosophie*, Paris, P.U.F., 1947, p. 1124).
3. Sur le rôle central d'une telle question – que nous pouvons qualifier d'*ontologique* pour des raisons que nous expliciterons par la suite – M. Merleau-Ponty déclare : « Comment, dès lors, comprendre cette relation de la totalité aux parties, quel statut faut-il donner à la totalité ? Telle est la question philosophique que posent les expériences de Coghill, question qui est au centre de ce cours sur l'idée de Nature et peut-être de toute philosophie » (*Ibid.*, p. 194).
4. *Ibid.*, p. 233.

et du finalisme [1]. Ou plutôt, comme le disait bien Uexküll en parlant d'« une mélodie qui se chante elle-même », en deçà de la distinction même entre activité et passivité, distinction dans laquelle s'enracine, à y regarder de près, la précédente opposition.

En faisant écho à la phrase qui conclut l'essai intitulé « Le philosophe et son ombre », nous pourrions alors dire que dans ce « thématisme » Merleau-Ponty repère une téléologie *sui generis*, « qui s'écrit et se pense entre guillemets » [2] et qui, à la différence de la téléologie « proprement dite », comme il est précisé dans le résumé du premier cours sur la Nature, contribue à envisager cette dernière comme « productivité orientée et aveugle » [3]. Là où un tel caractère

---

1. Mondella souligne du reste qu'il faut situer l'œuvre de Uexküll par rapport à une crise de la biologie qui rendait problématique le sens de termes comme « variation », en l'enfermant dans l'alternative entre causalisme et finalisme : « Les variations étaient-elles un processus causal et passif, déterminé par des facteurs externes, ou le résultat d'une tendance interne à l'organisme et qui se manifestait dans l'adaptation au milieu ? » (F. Mondella, « Introduzione » à J. von Uexküll, *Ambiente e comportamento, op. cit.*, p. 14). À son tour, Lalande désigne le thématisme comme le « caractère des phénomènes qui sont dominés par un thème », ce dernier étant à comprendre selon la définition citée *supra*, p. 30, note 2 ; il renvoie en outre à nouveau à l'œuvre de Ruyer « sur l'opposition du "thématisme" et de la finalité » (A. Lalande, *Vocabulaire technique et critique de la philosophie, op. cit.*, p. 1123).

2. Voici la phrase à laquelle nous nous référons : « L'irrélatif, désormais, ce n'est pas la nature en soi, ni le système des saisies de la conscience absolue, et pas davantage l'homme : mais cette "téléologie" dont parle Husserl, – qui s'écrit et se pense entre guillemets – jointure et membrure de l'Être qui s'accomplit à travers l'homme » (M. Merleau-Ponty, *Le philosophe et son ombre* [1959], dans *Signes*, Paris, Gallimard, 1960, p. 228). A propos de la conception exposée par Uexküll, il est intéressant de remarquer que G. Deleuze et F. Guattari soulignent à leur tour que « ce n'est pas une conception finaliste, mais mélodique » (G. Deleuze – F. Guattari, *Qu'est-ce que la philosophie ?*, Paris, Minuit, 1991, p. 176).

3. Voici le passage complet auquel nous venons de nous référer : « Au bout de l'expérience qu'elle a faite de cette ontologie [*i.e.* : celle cartésienne], la philosophie européenne se retrouve devant la Nature comme productivité orientée et aveugle. Ce n'est pas un retour à la téléologie ; la téléologie proprement dite, comme conformité de l'événement à un concept, partage le sort du mécanisme : ce sont deux idées *artificialistes*. La production

orienté – expliquent à leur tour les notes d'auditeur qui se réfèrent précisément à la conception de Uexküll – serait à comprendre « comme quelque chose de semblable à l'orientation de notre conscience onirique vers certains pôles qui ne sont jamais vus pour eux-mêmes, mais qui sont pourtant directement cause de tous les éléments du rêve » [1].

Grâce à des telles conceptions – souligne ensuite Merleau-Ponty – « il ne faudrait pas voir dans les très nombreuses individualités que constituent la vie autant d'absolus séparés, dont toute généralité à leur propos ne constituerait que des êtres de raison », parce que – explique-t-il – elles restituent « une valeur ontologique à la notion d'espèce » [2].

Mais qu'entend-il par « valeur ontologique » de la notion d'espèce ? Et pourquoi accorde-t-il à cette dernière une importance telle qu'il y revient avec insistance ? [3] De quelle manière, en somme, la restitution d'une valeur ontologique à la notion d'espèce peut-elle contribuer à dessiner la « nouvelle ontologie » que Merleau-Ponty se propose d'élaborer ?

voyance

À ces questions nous pouvons chercher une réponse dans les notes préparatoires à l'un des deux cours interrompus par la mort de

---

naturelle reste à comprendre autrement » (M. Merleau-Ponty, *Résumés de cours, op. cit.*, p. 117).

1. M. Merleau-Ponty, *La Nature, op. cit.*, p. 233.

2. *Ibid.*, p. 247. Cette considération, développée à propos de « l'étude de l'apparence animale de Portmann », se réfère à l'inspiration commune qui sous-tend, selon M. Merleau-Ponty, les recherches biologiques qu'il analyse dans les cours consacrés à « l'étude du comportement animal ».

3. Ainsi, par exemple, il remarque que « London et Bauer voient dans la mécanique quantique une "théorie des espèces" et ils révoquent en doute l'idée que tout objet a une existence individuelle » (*Ibid.*, p. 128).

Merleau-Ponty : celui qui porte le titre « L'ontologie cartésienne et l'ontologie d'aujourd'hui ». Les notes de ce cours considèrent en effet que dans les expériences pratiquées de manière convergente par l'art et la littérature contemporains se profile à son tour une « nouvelle ontologie », dont elles semblent même mieux permettre de préciser les caractères. En particulier, à partir de ces notes émergent plus clairement les lignes de développement que Merleau-Ponty avait l'intention de suivre pour repenser, en fonction de cette nouvelle perspective ontologique, la relation entre sensible et intelligible, c'est-à-dire entre existence et essence : lignes que par ailleurs, nous le répétons, il considérait à l'œuvre – même sans explicitation philosophique – dans l'ontologie contemporaine.

Au centre de ces lignes de développement apparaît, enfin thématisée, une notion qui auparavant – même dans les textes les plus tardifs de Merleau-Ponty – circulait avec insistance mais de manière *implicite* (à notre connaissance elle est formulée une seule fois dans *L'œil et l'esprit* [1]) et qui paraît pourtant *centrale* pour repenser la relation entre sensible et intelligible. Il s'agit de la notion désignée par le terme de « voyance », dont, dans *L'œil et l'esprit*, il est justement affirmé qu'« (elle) nous rend présent ce qui est absent » [2]. Dans l'effort de comprendre pleinement la portée d'une telle notion, nous l'approcherons en commençant par rappeler, du moins brièvement, le plan d'ensemble que Merleau-Ponty avait projeté pour le cours dans lequel elle se situe.

Comme nous l'avons dit par anticipation, ce cours se propose – à travers aussi une comparaison par opposition avec l'ontologie cartésienne – d'essayer de donner une formulation philosophique à l'ontologie contemporaine, ontologie qui, selon Merleau-Ponty, a trouvé expression jusqu'à présent surtout dans l'art et la littérature.

1. *Cf.* M. Merleau-Ponty, *L'œil et l'esprit* [1961], Paris, Gallimard, 1964, p. 41.
2. *Ibid.*

La première étape du parcours tel qu'il le projette est donc celle d'une exploration du paysage de « l'ontologie contemporaine » qui s'est spontanément et implicitement dessiné dans l'art et la littérature : « dans la littérature notamment »[1], souligne Merleau-Ponty à un certain moment, avec une précision qui réduit le rôle de référence exclusive accordé à la peinture, selon certains commentateurs, dans la dernière phase de sa pensée.

L'exploration du champ artistique se concentre quand même autour de la peinture, en reparcourant l'itinéraire déjà tracé dans *L'œil et l'esprit*. Celle du champ littéraire se donne à son tour comme projet d'examiner l'œuvre de Proust, les recherches de Valéry, de Claudel et de certains représentants de la « Littérature récente »[2], comme Saint-John Perse et Claude Simon[3].

Bien que non comprise dans ce projet, une autre référence littéraire vient jouer pour Merleau-Ponty un rôle théoriquement central dans la définition du paysage ontologique contemporain. Il s'agit de la *Lettre du voyant* d'Arthur Rimbaud, rencontrée à travers la déclaration de Max Ernst qui identifie la tâche actuelle du peintre à celle que justement le manifeste de Rimbaud attribue au poète. La voici : « De même que le rôle du poète, depuis la célèbre lettre du voyant, consiste à écrire sous la dictée de ce qui se pense, ce qui s'articule en lui, le rôle du peintre est de cerner et de projeter ce qui se voit en lui »[4]. A

---

1. M. Merleau-Ponty, *Notes de cours 1959-1961, op. cit.*, p. 391.

2. *Ibid.*, p. 191.

3. Cf. *Ibid.*, p. 391. Un peu plus bas, M. Merleau-Ponty synthétise : « Au total Proust : les essences charnelles ; Valéry : la conscience n'est pas dans l'immanence, mais dans la vie ; Claudel : la simultanéité, le plus réel est *au-dessous* de nous ; St J. Perse : la Poésie comme éveil à l'Être ; Cl. Simon : la zone de la crédulité et la zone de l'être sensible. [Il y a] renversement des rapports du visible et de l'invisible, de chair et esprit ; découverte d'une signification comme nervure de l'Être plein ; dépassement de l'insularité des esprits » (*Ibid.*, p. 392).

4. G. Charbonnier, *Le monologue du peintre I*, Paris, Julliard, 1959, p. 34. La déclaration de M. Ernst est déjà évoquée dans *Le visible et l'invisible, op. cit.*, p. 261 et citée dans *L'œil et*

34

l'un et l'autre, en somme, il revient de porter à l'expression – en des termes qui inévitablement rappellent ceux de Uexküll parlant d'« une mélodie qui se chante elle-même » – ce que nous avons déjà vu Merleau-Ponty appeler la « passivité de notre activité », c'est-à-dire la réflexivité de l'être lui-même.

La voyance en vient alors à baptiser le « nouveau nœud entre l'écrivain et le visible »[1], nœud enlacé, selon Merleau-Ponty, par la « recherche » qu'il définit comme « moderne » (mais qu'il faut comprendre, on l'a déjà dit, comme contemporaine), recherche qui retrouve ainsi, toujours selon Merleau-Ponty, « la Renaissance par-dessus Descartes »[2]. Il note en effet que les « Modernes retrouvent Renaissance par idée magique de la visibilité : C'est la chose qui se fait voir (dehors et dedans), là-bas et ici »[3]. A son avis, cependant, « Vinci revendique la voyance *contre* la poésie »[4] qu'il considère, à la différence de la peinture, comme « incapable de la "simultanéité" »[5]. Au contraire – note Merleau-Ponty – « les modernes font de la poésie aussi une voyance »[6], en la montrant ainsi à son tour « capable de la simultanéité ». L'effort de porter cette dernière à expression lui semble ainsi l'un des traits qui caractérisent l'ontologie contemporaine[7].

l'esprit, *op. cit.*, p. 30-31. A ce propos, je me permets de renvoyer à mon livre *La visibilité de l'invisible. M. Merleau-Ponty entre Cézanne et Proust*, *op. cit.*, p. 110-118.

1. M. Merleau-Ponty, *Notes de cours 1959-1961*, op. cit., p. 190.

2. *Ibid.*, p. 175.

3. *Ibid.*, p. 390.

4. *Ibid.*, p. 183.

5. *Ibid.*, p. 175.

6. *Ibid.*, p. 183.

7. Le sens du terme « simultanéité », tel qu'il est établit dans *L'œil et l'esprit*, doit donc être compris dans toute sa portée ontologique : « des êtres différents, "extérieurs", étrangers l'un à l'autre, sont pourtant absolument *ensemble* » M. Merleau-Ponty, *L'œil et l'esprit*, *op. cit.*, p. 84. En ce qui concerne l'expression littéraire de la simultanéité, M. Merleau-Ponty la repère en particulier dans la phrase finale de la *Recherche* (*cf.* M. Merleau-Ponty, *Notes de cours 1959-1961*, *op. cit.*, p. 197) ainsi que dans les pages de Claudel (*cf. ibid.*,

Alors que Descartes réduit la vision à une pensée que les images stimuleraient, tout comme les signes et les mots, Merleau-Ponty avance l'hypothèse que le « dévoilement de la "voyance" dans l'art moderne – voyance qui n'est pas [la] pensée cartésienne – a peut-être [un] analogue dans arts de la parole » [1], et par conséquent que « Peut-être faut-il, non pas ramener [la] vision à [la] lecture des signes par [la] pensée, mais inversement retrouver dans la parole une transcendance de même type que dans vision » [2]. Et, au fond, c'est précisément à cela que Rimbaud a apporté, selon Merleau-Ponty, une contribution décisive.

La « voyance » – qui dans le renvoi réciproque entre perception et imaginaire, avons-nous lu, « nous rend présent ce qui est absent » [3] – en vient alors à caractériser le voir, en rappelant avec Heidegger que le voir n'est pas *vor-stellen*, c'est-à-dire représenter en amenant devant soi [4] et par conséquent *as-sujettir*. On pourrait envisager le voir plutôt comme ce qui *seconde* – verbe qui dit l'indistinction entre activité et passivité – le se montrer de l'univers sensible, à l'intérieur duquel nous-mêmes nous nous trouvons et qui est parcouru par un

---

p. 198 *sq.*), comme il est indiqué *supra*, p. 34, note 3, et aussi dans celles de Simon (cf. *ibid.*, p. 204 *sq.*).

1. M. Merleau-Ponty, *Ibid.*, p. 182-183.
2. *Ibid.*, p. 183.
3. M. Merleau-Ponty, *L'œil et l'esprit, op. cit.*, p. 41.
4. *Cf.* M. Merleau-Ponty, *Notes de cours 1959-1961, op. cit.*, p. 170 et p. 173 et aussi *L'œil et l'esprit*, où il est souligné que l'« extraordinaire empiétement » entre vision et mouvement « interdit de concevoir la vision comme une opération de pensée qui dresserait devant l'esprit un tableau ou une représentation du monde » (M. Merleau-Ponty, *L'œil et l'esprit, op. cit.*, p. 17). Christine Buci-Glucksmann souligne que la notion de voyance contribue, chez Merleau-Ponty, à élaborer « un Voir qui excède la vue, un visuel affranchi du seul cadre optique-représentatif » (C. Buci-Glucksmann, *La folie du voir. De l'esthétique baroque*, Paris, Galilée, 1986, p. 70).

pouvoir analogisant[1] qui fait que les corps et les choses se rappellent réciproquement, nouent des relations inédites, inventent des lignes de force et de fuite : dessinent en somme un « Logos du monde esthétique »[2], selon l'expression husserlienne souvent reprise par Merleau-Ponty, laquelle suggère une reconsidération radicale de la relation entre sensible et intelligible.

Dans la mesure où la voyance fournit une telle caractérisation du voir, elle contribue à nommer la « mutation ontologique » que nous avons vu Merleau-Ponty s'efforcer de promouvoir à propos du « concept de Nature », « la mutation dans les rapports de l'homme et de l'Être »[3] qu'il avoue, dans *L'œil et l'esprit*, ressentir « quand il confronte massivement un univers de pensée classique avec les recherches de la peinture moderne »[4], la même mutation que dans une dense note de travail du *Visible et l'invisible* il voit se manifester dans la « musique atonale », assimilée à « la peinture sans choses identifiables, sans la *peau* des choses, mais donnant leur *chair* »[5] :

---

1. De manière significative Merleau-Ponty définit en effet, dans *L'œil et l'esprit*, l'univers sensible comme « monde onirique de l'analogie » (M. Merleau-Ponty, *L'œil et l'esprit*, *op. cit.*, p. 41).

2. *Cf.* E. Husserl, *Formale und transzendentale Logik* [1929], Den Haag, Martinus Nijhoff, 1974, p. 257 ; trad. fr. par S. Bachelard, *Logique formelle et transcendantale*, Paris, P.U.F., 1957, p. 386. Il est utile de rappeler que Rimbaud arrive à son tour à théoriser justement le se faire *voyant* du poète « par un long, immense et raisonné *dérèglement de tous les sens* » (A. Rimbaud, *Lettre du voyant* [1871], *Œuvres-opere*, I. Margoni (dir.), Milano, Feltrinelli, 1971[3], p. 142), texte que M. Merleau-Ponty commente ainsi : « Il ne s'agit pas de ne plus penser – le dérèglement des sens est [de] rompre les cloisons entre eux pour retrouver leur indivision – Et par là une *pensée non mienne, mais leur* » (M. Merleau-Ponty, *Notes de cours 1959-1961*, *op. cit.*, p. 186 ; je souligne). Je reviendrai sur ce commentaire dans le troisième chapitre du présent ouvrage.

3. M. Merleau-Ponty, *L'œil et l'esprit*, *op. cit.*, p. 63.

4. *Ibid.*

5. M. Merleau-Ponty, *Le visible et l'invisible*, *op. cit.*, p. 272. Ici Merleau-Ponty fait allusion, en particulier, à la peinture de Paul Klee, à propos de laquelle l'expression « peau des choses » revient encore dans les *Notes de cours 1959-1961*, *op. cit.*, p. 56. Quant au

cette mutation qui consiste donc dans le se donner charnel des rapports entre l'homme et l'Être, mutation qu'on ne peut évidemment pas exprimer dans le langage de la conscience, de la représentation, de l'affrontement moderne du sujet et de l'objet. Merleau-Ponty considère en effet que la littérature moderne en est arrivé à enlacer avec le visible ce « nouveau nœud » qu'on peut configurer, notamment, comme « voyance ».

Ainsi, après avoir examiné la conception du langage que Descartes exprime avec l'idée d'une langue universelle [1] et y avoir reconnu « l'équivalent de [la] théorie de la perspective » [2], Merleau-Ponty en vient à examiner la conception contrastante, contemporaine, du langage. À son avis celle-ci caractérise le langage « non comme instrument où la pensée serait comme le pilote en son navire – mais sorte d'union substantielle de [la] pensée et [du] langage – Langage non gouverné, doué d'une efficacité propre » [3]. D'une telle conception la *Lettre du voyant* est emblématique puisque l'autonomie du langage y est poussée jusqu'à la proclamation du devenir « voyance » de la poésie : par conséquent Rimbaud est jugé être une « étape éclatante dans un devenir de la littérature qui a commencé avant et continue après lui » [4]. « Peut-être – poursuit Merleau-Ponty en faisant écho à cette "mutation dans les rapports de l'homme et

parallélisme entre musique et peinture contemporaines, il est développé par Merleau-Ponty dans les *Notes de cours 1959-1961*, *op. cit.*, p. 61-64.

1. *Cf.* la lettre à Mersenne du 20 novembre 1629, dans R. Descartes, *Œuvres philosophiques*, textes établis, présentés et annotés par F. Alquié, Paris, Bordas, 1998, vol. I, p. 227-232.

2. M. Merleau-Ponty, *Notes de cours 1959-1961*, *op. cit.*, p. 183. Une telle équivalence était déjà affirmée dans *L'œil et l'esprit*, *op. cit.*, p. 44, note 13 : « Le système des moyens par lesquels elle [*i.e.* la peinture] nous fait voir est objet de science. Pourquoi donc ne produirions-nous pas méthodiquement de parfaites images du monde, une peinture universelle délivrée de l'art personnel, comme la langue universelle nous délivrerait de tous les rapports confus qui traînent dans les langues existantes ? ».

3. M. Merleau-Ponty, *Notes de cours 1959-1961*, *op. cit.*, p. 186.

4. *Ibid.*, p. 187.

de l'Être" dont *L'œil et l'esprit* voit un témoignage dans la peinture –, changement du rapport avec l'être chez l'écrivain depuis le romantisme » [1] : changement, on l'a dit, du rapport entre la visibilité de l'un et la parole de l'autre, parole qui, au lieu de désigner des signifiés [2], se « mélange » aux choses et, comme pour Rimbaud « le bois qui se trouve violon », devient emblème sensible du sensible lui-même [3].

De ce changement il repère une autre manifestation – dans laquelle il pense même trouver une esquisse d'une théorie non platonicienne des idées [4] – dans les pages du premier volume de la *Recherche* auxquelles

il ne cesse de revenir tout au long de sa réflexion et avec lesquelles nous l'avons vu mettre en rapport aussi la métaphore de la mélodie de Uexküll. Ce sont les pages où Proust distingue précisément les « idées musicales » – mais aussi les idées littéraires, ainsi que « les notions de la lumière, du son, du relief, de la volupté physique, qui sont les riches possessions dont se diversifie et se pare notre domaine intérieur » – des « idées de l'intelligence », les premières étant avant tout caractérisées par le fait qu'elles sont « voilées de ténèbres » et par conséquent « impénétrables à l'intelligence, mais [qu'elles] n'en sont pas moins parfaitement distinctes les unes des autres, inégales entre elles de valeur et de signification » [5].

Les notes préparatoires que nous examinons ici acquièrent donc un intérêt particulier dans la mesure où elles prennent à nouveau en

---

1. *Ibid.*

2. Cf. *Ibid.*, p. 189.

3. Cf. *Ibid.*, p. 186 et, pour la citation de Rimbaud, *cf.* la lettre *A Georges Izambard* [(13) mai 1871], considérée comme incunable de la *Lettre du voyant*, dans A. Rimbaud, *Œuvres-opere, op. cit.*, p. 334.

4. Cf. *supra*, « Introduction », p. 19, note 4.

5. Pour les pages proustiennes auxquelles je me réfère ici et par la suite, cf. *Du côté de chez Swann*, éd. cit., p. 343-345.

considération les pages proustiennes dont il était question dans *Le visible et l'invisible* au moment même où la mort soudaine de l'auteur le laissait inachevé : elles peuvent ainsi nous suggérer quels auraient été les développements du commentaire du *Visible et l'invisible* [1].

Ce dernier définissait déjà comme « sensibles » les idées décrites par Proust [2], dans la mesure où − comme Merleau-Ponty y fait aussi allusion quand il les met en rapport avec la métaphore de la mélodie de Uexküll − elles paraissent inséparables de leur présentation sensible. À notre finitude sensible, par conséquent, elles sont à leur tour offertes.

Pour leur part, les notes de cours prennent en considération les motifs pour lesquels telles idées sont assimilées par Proust en particulier à la notion de lumière. Comme celle avec la lumière − « lumière visible » [3], précisent les notes −, comme celle avec le sensible, la rencontre avec ces idées est en effet, expliquent les notes, « initiation à un monde, à une petite éternité, à une dimension désormais inaliénable − Universalité par singularité » [4]. Pas seulement cela, poursuit Merleau-Ponty, mais « ici comme là, dans [la] lumière comme dans [l']idée musicale, on a une idée qui n'est pas *ce que* nous voyons, mais derrière » [5]. Là où une telle transcendance nous empêche de prendre possession de ces idées − de les saisir conceptuellement, comme insaisissable est la lumière −, elle les oblige en revanche à se montrer − exactement comme la lumière − dans cela même qu'elles éclairent, comme il advient à l'idée de l'amour dans la « petite phrase » de la Sonate de Vinteuil qui, comme

1. J'ai déjà eu l'occasion d'analyser le commentaire que *Le visible et l'invisible* propose de ces pages dans mon livre *La visibilité de l'invisible*, op. cit., p. 132 sq., auquel je me permets de renvoyer ici.

2. *Cf.* M. Merleau-Ponty, *Le visible et l'invisible*, op. cit., p. 198.

3. M. Merleau-Ponty, *Notes de cours 1959-1961*, op. cit., p. 194.

4. *Ibid.*, p. 196.

5. *Ibid.*

nous le savons, à une époque, avait été « l'air national » de l'amour entre Swann et Odette [1].

C'est donc à une telle transcendance que la finitude sensible est ouverte : à cette « transcendance de même type que dans vision » dont nous avons entendu Merleau-Ponty enregistrer l'exigence contemporaine de la « retrouver dans la parole » en la reconnaissant dans la poétique rimbaldienne de la voyance. Autrement dit, la

---

1. Même si Merleau-Ponty décrit ici une transcendance des idées et les assimile à la notion de lumière, sa position n'est tout de même pas comparable à celle des néoplatoniciens. Comme il est bien connu, cette dernière – grâce à une caractérisation de la lumière non comme *visible*, mais comme *métaphysique* – célèbre le sensible seulement dans la mesure où celui-ci ne cesse de renvoyer à une *altérité* suprasensible, en ouvrant ainsi à l'homme – comme le souligne significativement Erwin Panofsky – « une perspective sur le monde des Idées, mais en même temps [en] la lui *voil*[ant] » (E. Panofsky, *Idea. Ein Beitrag zur Begriffsgeschichte der älteren Kunsttheorie*, « Studien der Bibliothek Warburg », V, Leipzig-Berlin, Teubner, 1924, trad. fr. par H. Joly, *Idea. Contribution à l'histoire du concept de l'ancienne théorie de l'art*, Préface de J. Molino, Paris, Tel-Gallimard, 1989, p. 47-48 ; je souligne). Dans la pensée de Merleau-Ponty c'est justement une telle conception du « voile » du sensible qui se trouve radicalement modifiée : au lieu de *dissimuler* les idées, le voile les *rend visibles*, en se découvrant ainsi comme la possibilité même de leur rayonnement. À ce propos, *cf.* aussi le livre de P. Gambazzi, *L'occhio e il suo inconscio*, Milano, Cortina, 1999, p. 149-151. Cette « réhabilitation ontologique » du *voile* est au fond ce qui motive véritablement l'attention avec laquelle Merleau-Ponty cherche – non seulement dans les passages que nous examinons ici, mais de manière constante dans les derniers cours – à retrouver les traces de ce que, dans les notes préparatoires à « Philosophie et non-philosophie depuis Hegel », il définit comme « une nouvelle idée de la lumière : le vrai est de soi *zweideutig* [...]. La *Vieldeutigkeit* n'est pas ombre à éliminer de la vraie lumière » (M. Merleau-Ponty, *Notes de cours 1959-1961, op. cit.,* p. 305). Merleau-Ponty essaie donc de déceler les traces d'une théorie de la lumière qui la pense dans son lien essentiel avec l'ombre, et qui servirait de modèle à une théorie de la vérité qui permettrait d'affirmer – comme le fait Nietzsche dans la « Préface à la deuxième édition » du *Gai Savoir*, citée par Merleau-Ponty dans le même cours – que « nous ne croyons plus que la vérité demeure vérité si on lui enlève son *voile* » (*cf.* M. Merleau-Ponty, *Notes de cours 1959-1961, op. cit.,* p. 277 ; je souligne). Sur la recherche des traces d'une telle « nouvelle idée de la lumière », en rapport avec l'examen de la pensée de Schelling que Merleau-Ponty développe dans le premier des trois cours sur le « concept de Nature », *cf.* F. Moiso, « Una ragione all'altezza della natura. La convergenza fra Schelling e Merleau-Ponty », *Chiasmi,* n. 1, 1998, p. 83-90.

finitude sensible est ouverte à la transcendance de la voyance : non pas « deuxième vue » dirigée vers l'intelligible, mais plutôt vision qui dans le visible voit l'invisible, qui donc dans le voile même de la musique ou de la parole littéraire tout comme dans celui du visible – Proust l'enseigne – nous fait rencontrer l'invisible de l'idée qui y brille.

« généralité des choses »

Nous trouvons ici les raisons pour lesquelles Merleau-Ponty insiste, comme nous l'avons observé plus tôt, sur l'importance qu'il y a à redonner une valeur ontologique à la notion d'espèce. Plus généralement, la notion de voyance permet d'éclaircir le sens de la question – de prime abord surprenante – qui figure dans une note de travail du *Visible et l'invisible*, datée de novembre 1959 : « Généralité des choses : pourquoi y a-t-il plusieurs exemplaires de chaque chose ? ». À cette question semble répondre, selon ce que nous avons dit jusqu'ici, la phrase qui immédiatement la précède : « Les choses sont des Essences du niveau de la Nature »[1].

En d'autres termes, la chose en tant que généralité est une idée sensible. Tout comme l'espèce[2]. Lui rendre une valeur ontologique

---

1. M. Merleau-Ponty, *Le visible et l'invisible*, *op. cit.*, p. 273. P. Gambazzi a particulièrement attiré l'attention sur une telle question – « fondamentale pour l'ontologie » – in « La piega e il pensiero. Sull'ontologia di M. Merleau-Ponty », *aut aut*, n. 262-263, luglio-ottobre 1994, p. 39.

2. C'est dans cette perspective qu'on peut lire l'inspiration globale qui oriente de manière de plus en plus explicite les théories de Uexküll, qui – comme le rappelle Mondella – « dans les dernières années de son activité de savant a essayé d'exprimer de plus en plus la connaissance du plan harmonique qui se réalise dans l'unité du sujet animal et du monde individuel en tant que connaissance d'un "signifié". C'est-à-dire d'une relation qu'on ne peut pas exprimer en terme d'un lien cause-effet, mais plutôt de lien de tout-partie. Un tel rapport tout-partie n'est néanmoins pas explicable selon l'auteur *à travers une connaissance abstraite de type conceptuel, mais il peut être saisi*, on l'a vu, *à travers une forme de connaissance*

signifie la reconnaître comme telle au lieu de la considérer seulement comme un « être de raison », c'est-à-dire une généralisation empiriquement inductive[1] qui, par rapport à ses exemplaires, en résulterait évidemment *a posteriori*. Il ne faut pas pour autant la penser au contraire en un sens platonicien, située – soulignait Merleau-Ponty – « hors du temps » et de l'espace, présupposée comme l'*origine* par ses exemplaires et par conséquent douée de valeur ontologique parce que conçue de manière métaphysique.

Nous avons vu que, dans la nouvelle ontologie que Merleau-Ponty s'efforce d'élaborer, cette idée est à comprendre plutôt en tant que généralité qui, comme « élément trans-temporel et trans-spatial »[2], brille *à travers* (« trans ») ses exemplaires, en se donnant donc *simultanément* à eux. Ce sont eux qui, en effet, nous en donnent *initiation*, « c'est-à-dire – explique *Le visible et l'invisible*, toujours en commentant ces pages proustiennes – non pas position d'un contenu, mais ouverture d'une dimension qui ne pourra plus être refermée, établissement d'un niveau par rapport auquel désormais toute autre expérience sera repérée. L'idée est ce niveau, cette dimension, [...] donc [...] l'invisible *de* ce monde, [...] l'Être de cet étant »[3].

L'idée sensible est donc une « dimension » qui s'ouvre *simultanément* à notre rencontre avec ses exemplaires, en nous offrant une anticipation de connaissance qui « ne pourra plus être refermée ».

---

perceptive » (F. Mondella, « Introduzione » à J. von Uexküll, *Ambiente e comportamento*, *op. cit.*, p. 69 ; je souligne).

1. « Nous ne proposons ici aucune genèse empiriste de la pensée : nous nous demandons précisément quelle est cette vision centrale qui relie les visions éparses, [...] ce *je pense* qui doit pouvoir accompagner toutes nos expériences. Nous allons vers le centre, nous cherchons à comprendre comment il y a un centre, en quoi consiste l'unité, nous ne disons pas qu'elle soit somme ou résultat » (M. Merleau-Ponty, *Le visible et l'invisible*, *op. cit.*, p. 191).

2. M. Merleau-Ponty, *La Nature*, *op. cit.*, p. 230.

3. M. Merleau-Ponty, *Le visible et l'invisible*, *op. cit.*, p. 198.

Pour sa part, la temporalité qui rythme l'idée sensible [1] – à laquelle fait allusion aussi le terme « initiation » – semble analogue à celle qui scande une mélodie. En commentant la métaphore de Uexküll, Merleau-Ponty rappelle en effet que « dans une mélodie, une influence réciproque entre la première et la dernière note a lieu, et nous devons dire que la première note n'est possible que par la dernière, et réciproquement » [2].

Aux yeux de Merleau-Ponty, c'est précisément cette structure temporelle qui semble permettre à la notion d'*Umwelt* élaborée par Uexküll de se soustraire aux deux artificialismes opposés du causalisme et du finalisme. À la différence de ceux-ci, sans prétendre subsister en dehors du temps et sans se soumettre à la loi de la succession temporelle, elle évite en effet de séparer le sensible de l'intelligible, l'existence de l'essence, les variations du thème [3]. Le thème (animal) ne se donne en effet qu'avec ses variations, variations qui, comme telles, en un sens le nient mais qui, précisément dans la mesure où elles le nient, l'affirment indirectement.

Filtrée par la description proustienne de l'idée musicale, la conception de Uexküll semble ainsi caractériser le thème comme l'*absent* que ses variations seules présentent indirectement [4] et qui en

1. Une telle temporalité est aussi qualifiée de « perpétuelle prégnance, perpétuelle parturition, générativité et généralité » (*Ibid.*, p. 155).
2. M. Merleau-Ponty, *La Nature*, *op. cit.*, p. 228. Il fait écho ici à ce que Uexküll affirmait, par exemple, en 1909 : « Dans une mélodie il y a une influence réciproque entre le premier et le dernier ton et nous pouvons dire par conséquent que le dernier ton est rendu possible grâce au premier mais, de la même manière, le premier est rendu possible seulement grâce au dernier. Il en va de même pour la formation de structure dans les animaux et les plantes » (J. von Uexküll, *Umwelt und Innenwelt der Tiere*, *op. cit.*, p. 23-24).
3. « C'est ainsi que les choses se passent dans la construction d'un vivant. Il n'y a pas tout à fait priorité de l'effet sur la cause. Tout comme on ne peut pas dire que la dernière note soit la fin de la mélodie, et que la première en soit l'effet, on ne peut pas distinguer non plus le sens à part du sens où elle s'exprime » (M. Merleau-Ponty, *La Nature*, *op. cit.*, p. 228).
4. En se référant aux théories de E. S. Russell et de R. Ruyer, mais aussi à celles de Uexküll, Merleau-Ponty synthétise : « On peut donc parler d'une présence du thème de ces réalisa-

est donc *inséparable* et *simultané*, puisque ce sont précisément ses variations qui le constituent, même si elles ne l'épuisent pas : elles le constituent en tant que leur *excédent* [1]. La connexion entre les conceptions de Uexküll et de Proust nous ramène ainsi à ce que Merleau-Ponty, déjà dans sa première œuvre, rappelait : « chacune [*i.e.* : chaque note], dans la mélodie, [...] contribue pour sa part à exprimer *quelque chose qui n'est contenu en aucune d'elles et les relie intérieurement* » [2].

C'est en ces termes que l'idée sensible elle-même peut être définie par rapport à ses exemplaires. La notion de voyance, dont nous savons que pour Merleau-Ponty elle est rythmée dans la simultanéité, permet en effet de reconsidérer la relation entre le sensible et l'intelligible dans la vision du particulier, lequel, en se donnant comme tel, prend *en même temps* − comme « une note qui devient

---

tions, ou dire que *les événements sont groupés autour d'une certaine absence* : ainsi, dans la perception, la verticale et l'horizontale sont données partout et ne sont présentes nulle part » (*Ibid.*, p. 239-240 ; je souligne). Du reste, nous avons déjà vu Merleau-Ponty comparer l'« orientation » qui sous-tend le comportement animal selon Uexküll à celle « de notre conscience onirique vers certains pôles qui *ne sont jamais vus pour eux-mêmes*, mais qui sont pourtant directement cause de tous les éléments du rêve » (*Ibid.*, p. 233 ; je souligne).

1. Cet excédent est indiqué par Proust quand il souligne que Swann, lorsque « avait cherché à démêler comment à la façon d'un parfum, d'une caresse, elle [*i.e.* : la petite phrase] le circonvenait, elle l'enveloppait, il s'était rendu compte que c'était au faible écart entre les cinq notes qui la composaient et au rappel constant de deux d'entre elles qu'était due cette impression de douceur rétractée et frileuse ; mais en réalité il savait qu'il raisonnait ainsi non sur la phrase elle-même, mais sur de simples valeurs, substituées pour la commodité de son intelligence à la mystérieuse entité qu'il avait perçue, avant de connaître les Verdurin, à cette soirée où il avait entendu pour la première fois la sonate » (M. Proust, *Du côté de chez Swann*, éd. cit., p. 343). Pour le commentaire de Merleau-Ponty à ce passage, cf. *Le visible et l'invisible, op. cit.*, p. 197, et *Notes de cours 1959-1961, op. cit.*, p. 193-195 : l'un et l'autre texte y voient décrit le rapport qui existe entre les « idées sensibles » et les « idées de l'intelligence ». Proust semble donc décrire ici un double excédent : l'excédent des « idées sensibles » par rapport à leur présentation, mais aussi par rapport à leur conceptualisation.

2. M. Merleau-Ponty, *La structure du comportement, op. cit.*, p. 96 ; je souligne.

tonalité » [1] – une dimension d'universel, d'« élément » auquel nous sommes ainsi *initiés*. La voyance permet alors d'individuer la genèse de l'idée sensible – ou, autrement dit, la genèse sensible de l'idée, qui est d'ailleurs, j'essaierai de l'éclairer dans le prochain chapitre, genèse empirique du transcendantal – dans la vision des individualités *entre* lesquelles la généralité se profile, généralité qui – comme « quelque chose qui n'est contenu en aucune d'elles et les relie intérieurement » – en elles se diffuse et fait briller une anticipation cognitive [2].

L'idée sensible ne doit donc pas être pensée en tant que substitut abstrait du perçu, comme si elle en était une empreinte qu'on pourrait isoler et par conséquent saisir. Il faut envisager cette idée plutôt comme un *excédent*, qui donc excède toute tentative de le saisir [3] et qui pourtant est indirectement présenté par ses exemplaires qui, de manière convergente, renvoient à lui.

La voyance – qui dans l'étant voit en somme se profiler son Être et qui, par conséquent, ne peut pas séparer l'existence de l'essence – vient ainsi à se configurer comme *Wesensschau* mise en œuvre non pas par un Sujet *kosmotheoros*, à la manière moderne, mais plutôt par une pensée qui ne se sépare pas de ce voir sensible qui, plus haut, nous a semblé pouvoir être défini comme un *seconder, de l'intérieur*, le

---

1. P. Gambazzi, « La piega e il pensiero », art. cit., p. 28.

2. Pour la conception de la relation entre sensible et intelligible que nous avons essayé de synthétiser dans ce paragraphe, *cf.* surtout les notes de travail du *Visible et l'invisible* intitulées « Les ˮsensˮ – la dimensionnalité – l'Être » et « Problème du négatif et du concept, Gradient », datées respectivement de novembre 1959 et février 1960, p. 271-272 et p. 290-291).

3. « Les idées musicales ou sensibles, précisément parce qu'elles sont négativité ou absence circonscrite, nous ne les possédons pas, elles nous possèdent » (*Ibid.*, p. 198-199).

se montrer du sensible lui-même. Pensée qui met donc en œuvre une *Wesensschau* charnelle [1] et, par là même, *synesthésique* [2].

En empruntant l'heureuse expression qui donne le titre à un livre de Claudel auquel Merleau-Ponty se réfère aussi dans le cours sur

1. Il faut rappeler à ce propos la critique du « mythe » husserlien d'une *Wesensschau* désincarnée – c'est-à-dire mise en œuvre par un « pur spectateur » – que Merleau-Ponty développe dans le chapitre déjà mentionné ci-dessus, « Interrogation et intuition », du *Visible et l'invisible, op. cit.*, surtout p. 155. Par opposition, il écrit dans une note de travail du même texte : « voir, c'est une sorte de pensée qui n'a pas besoin de penser pour posséder le *Wesen* » (*Ibid.*, p. 301). Si donc Buci-Glucksmann a pu écrire que : « la *Voyance* – celle qui nous rend présent ce qui est absent – définit tout à la fois *le* lieu de l'art et l'accès à l'Être, le surgissement simultané d'une esthétique et d'une ˝ontologie˝ » (C. Buci-Glucksmann, *La folie du voir. De l'esthétique baroque, op. cit.*, p. 71), nous pouvons remarquer, à la suite de nos observations, qu'avec l'esthétique et l'ontologie surgit aussi une gnoséologie, puisque la voyance définit « une *Wesensschau toute virtuelle* en même temps que *toujours déjà au travail* dans l'intuition (ou la vision, ou plus généralement l'appréhension) de tel ou tel phénomène » (M. Richir, « Essences et ˝intuition˝ des essences chez le dernier Merleau-Ponty » dans *Phénomènes, temps et êtres. Ontologie et phénoménologie*, Grenoble, Millon, 1987, p. 79).

2. Par rapport à la configuration synesthésique que Merleau-Ponty me semble donner de la *Wesensschau*, il faut rappeler qu'il caractérise cette dernière « comme auscultation ou palpation en épaisseur » (M. Merleau-Ponty, *Le visible et l'invisible, op. cit.*, p. 170). Il faut aussi préciser que pour Merleau-Ponty penser l'unité des sens ne signifie pas faire l'hypothèse d'une originaire indifférenciation, mais plutôt constater leur transponibilité, dont le modèle est toujours celui de la mélodie, puisque – Merleau-Ponty l'expliquait déjà dans sa conférence sur *Le cinéma et la nouvelle psychologie* – « la mélodie n'est pas sensiblement changée si on la transpose, c'est-à-dire si l'on change toutes les notes qui la composent, en respectant les rapports et la structure de l'ensemble » (M. Merleau-Ponty, « Le cinéma et la nouvelle psychologie » [1947], dans *Sens et non-sens*, Paris, Nagel, 1948, p. 87). De manière analogue, selon Merleau-Ponty, c'est toujours la transponibilité qui fait que : « Chaque ˝sens˝ est un ˝monde˝, *i.e.* absolument incommunicable pour les autres sens, et pourtant construisant un *quelque chose* qui, par sa structure, est d'emblée *ouvert* sur le monde des autres sens, et fait avec eux un seul Être » (M. Merleau-Ponty, *Le visible et l'invisible, op. cit.*, p. 271). Une telle conception de la synesthésie trouve en somme sa clef de lecture la plus adéquate dans le leibnizianisme de Merleau-Ponty : Paolo Gambazzi parle en effet d'une « ˝syn-esthésie˝ non pas physiologico-psychologique, mais monadologico-ontologique » (*cf.* P. Gambazzi, « Monadi, pieghe, specchi. Sul leibnizianesimo di Merleau-Ponty e Deleuze », *Chiasmi*, n. 1, 1998, p. 46, note 25).

« l'ontologie d'aujourd'hui » [1], on pourrait l'appeler *Wesensschau* d'un *œil qui écoute* : expression qui refuse synesthésiquement toute séparation analytique entre les champs sensoriels et, en particulier, entre la présumée *activité* du voir et la présumée *passivité* de l'écouter. Parvenir à donner du regard de cet œil une formulation pleinement philosophique signifierait peut-être achever enfin la « nouvelle ontologie » qui était le projet de Merleau-Ponty.

---

1. Il s'agit de *L'œil écoute*, Paris, Gallimard, 1946. Pour les observations de M. Merleau-Ponty, *cf.* ses *Notes de cours 1959-1961*, *op. cit.*, p. 198-201.

« *quand nous inventons une mélodie* » : *appendice sur l'idéation*

Il est clair qu'une théorie des idées ne peut qu'impliquer une théorie de leur genèse, à savoir une théorie de l'idéation. Merleau-Ponty semble retrouver un aspect fondamental de la conception proustienne de l'idéation précisément dans les pages où il met en évidence la convergence entre Proust et von Uexküll. Il y note en effet : « Quand nous inventons une mélodie, la mélodie se chante en nous beaucoup plus que nous ne la chantons ; elle descend dans la gorge du chanteur, comme le dit Proust [...] le corps est suspendu à ce qu'il chante, la mélodie s'incarne et trouve en lui une espèce de servant » [1].

La démarche proustienne que relaie ainsi Merleau-Ponty caractérise donc l'idéation d'après une attitude qu'il qualifie ailleurs – à la manière de Heidegger – en termes de « laisser-être » [2] : « la mélodie se chante en nous beaucoup plus que nous ne la chantons », comme nous venons de le lire. La genèse des idées consisterait alors à *les accueillir*, ce qui à son tour configure la subjectivité comme « *creux* » [3] dans lequel l'idée *advient*, de la même façon que, pour sa part, la

---

1. M. Merleau-Ponty, *La Nature*, *op. cit.*, p. 228.
2. M. Merleau-Ponty, *Le visible et l'invisible*, *op. cit.*, p. 138.
3. « L'âme, le pour soi est *un creux et non pas un vide*, non pas non-être absolu par rapport à un Être qui serait plénitude et noyau dur » (*Ibid.*, p. 286). Déjà une note de travail précédente donnait la synthèse : « Bref : le néant (ou plutôt le non-être) est creux et non pas *trou* » (*Ibid.*, p. 249).

mélodie *se* chante. Il convient tout de même de préciser immédiatement que cette cavité n'est pas un simple *réceptacle* de l'idée, mais fait, au contraire, *tout un* avec son advenir : « activité et passivité couplées »[1], selon l'expression d'une note de travail du *Visible et l'invisible*. C'est en effet « quand nous inventons une mélodie » – expliquait encore Merleau-Ponty – que « la mélodie se chante en nous ». Dans cette configuration de creux, la subjectivité révèle alors la « passivité de notre activité », dont parle Merleau-Ponty dans une autre note de travail du *Visible et l'invisible* pour souligner que penser n'est pas « une *activité* de l'âme, ni une production de pensées au pluriel, et je ne suis pas même l'auteur de ce *creux* qui se fait en moi par le passage du présent à la rétention, ce n'est pas moi qui me fais penser pas plus que ce n'est moi qui fais battre mon cœur »[2].

Dans sa configuration de creux, la subjectivité révèle en somme sa propre passivité comme *créatrice* d'idées ; si en elle l'idée *advient*, c'est en effet parce que cette dernière y vient *créée passivement*, à savoir de manière opérante[3] : voilà un autre élément antiplatonicien décisif.

Configurée de cette manière, la subjectivité ne s'avère pas seulement créatrice d'idées, mais par là même, suivant en cela Nietzsche, également créatrice de valeurs[4]. C'est pourquoi l'esthétique – dans son sens étymologique du domaine du percevoir – implique tout de même l'eidétique autant que l'éthique. Il s'agit pourtant d'idées et de valeurs dont la subjectivité, nous l'avons vu, ne peut se revendiquer

---

1. *Ibid.*, p. 314.

2. *Ibid.*, p. 275 ; la première italique est de moi.

3. A ce propos, on rappellera que dans une note de travail du *Visible et l'invisible*, Merleau-Ponty caractérise l'intentionnalité opérante – en un sens anticonscientialiste – comme « l'intentionnalité intérieure à l'être » (*Ibid.*, p. 298).

4. A propos de la volonté de puissance entendue comme passivité créatrice de valeurs, *cf.* G. Deleuze, *Nietzsche et la philosophie*, Paris, P.U.F., 1962.

l'auteur, puisque c'est plutôt sa *rencontre avec le monde* qui, dans ces idées et ces valeurs, vient à l'expression, en la trouvant dans une « pensée » qui, comme l'exprime Merleau-Ponty dans une des dernières notes de *La Nature*, opère « sans penser » [1].

Nous pouvons donc confirmer, d'un côté, que c'est en concevant la subjectivité comme creux que Merleau-Ponty enregistre l'identité de l'activité et de la passivité [2], de l'autre, que dans l'indistinction de ces deux termes, c'est l'être même de la rencontre avec le monde qui *se* reflète. Ou, autrement dit, qui *se* pense.

Peut-être certains aspects de « la mutation dans les rapports de l'homme et de l'Être » [3] annoncée par Merleau-Ponty ont-ils ainsi commencé à se préciser : une mutation qui, à bien y regarder, semble donc consister dans le fait d'avoir *porté à l'expression* ces aspects plutôt que d'en avoir *inauguré l'apparition*. Dans la perspective ouverte par cette mutation, en effet, ce que jusqu'ici nous avons continué à appeler « subjectivité », plutôt que de considérer le monde comme un objet posé face à elle, se *montre* comme caisse de résonance de notre rencontre avec la *chair* du monde lui-même : « le corps est suspendu à ce qu'il chante, la mélodie s'incarne et trouve en lui une espèce de servant » [4]. Que le monde n'est pas réductible à un objet est

---

1. M. Merleau-Ponty, *La Nature, op. cit.*, p. 351.

2. *Cf.* M. Merleau-Ponty, *Le visible et l'invisible, op. cit.*, p. 318.

3. M. Merleau-Ponty, *L'œil et l'esprit, op. cit.*, p. 63.

4. En ce sens, la notion merleau-pontienne de « chair » semble répondre, entre autres, aux perplexités soulevées par Jean-Luc Nancy, qui n'y a vu que l'exemple d'une « philosophie du "corps propre" » (J.-L. Nancy, *Corpus*, Paris, Métailié, 2000², p. 66). Sur ce thème, qu'il me soit permis de renvoyer à mon étude « La mondialisation de la chair et ses implications politiques » dans R. Bonan (éd.), *Merleau-Ponty de la perception à l'action*, Aix-en-Provence, Presses Universitaires de Provence, 2005, p. 29-47.

du reste le premier enseignement retenu par Merleau-Ponty dans ses études sur la nature [1]. C'est pourquoi nous l'avons vu affirmer, dans le chapitre que nous venons de clore, qu'une telle étude « montre plus clairement la nécessité de mutation ontologique » [2].

---

1. « La Nature est un objet énigmatique, un objet qui n'est pas tout à fait un objet ; elle n'est pas tout à fait devant nous. Elle est notre sol, non pas ce qui est devant, mais ce qui nous porte » (M. Merleau-Ponty, *La Nature*, *op. cit.*, p. 20).
2. *Ibid.*, p. 265.

deuxième chapitre
le temps mythique des idées
Merleau-Ponty et Deleuze lecteurs de Proust

le chiasme de l'empirique et du transcendantal

> L'idée freudienne de l'inconscient et du passé comme "indestructibles",
> comme "intemporels" = élimination de l'idée commune du temps
> comme "série des *Erlebnisse*" – Il y a du passé architectonique. *cf.* Proust :
> les *vraies* aubépines sont les aubépines du passé – Restituer cette vie sans
> *Erlebnisse*, sans intériorité, [...] qui est, en réalité, la vie "monumentale",
> la *Stiftung*, l'initiation. Ce "passé" appartient à un temps mythique, au
> temps d'avant le temps, à la vie antérieure, "plus loin que l'Inde et que la
> Chine"[1].

Ainsi commence l'une des notes de travail les plus denses et les plus
prégnantes du *Visible et l'invisible*, intitulée « Passé "indestructible",
et analytique intentionnelle, – et ontologie » et datée d'avril 1960.
Nous voyons là Merleau-Ponty rendre par le terme « initiation » la
notion husserlienne de « *Stiftung* », laquelle indique selon lui « la
fécondité illimitée de chaque présent qui, justement parce qu'il est
singulier et qu'il passe, ne pourra jamais cesser d'avoir été et donc
d'être universellement »[2]. Une fois pour toutes, ce présent a en effet
ouvert une « dimension » prégnante de promesses et d'anticipa-
tions. C'est justement comme « ouverture d'une dimension qui ne

---

1. M. Merleau-Ponty, *Le visible et l'invisible*, op. cit., p. 296. Il faut rappeler que Nietzsche
parle à son tour d'histoire « monumentale » dans la deuxième *Considération intempestive*
[1874].

2. M. Merleau-Ponty, *Le langage indirect et les voix du silence* [1952], dans *Signes*, op. cit.,
p. 73-74.

pourra plus être refermée, établissement d'un niveau par rapport auquel désormais toute autre expérience sera repérée »[1] que Merleau-Ponty définit l'initiation dans un autre passage du *Visible et l'invisible* qui se réfère à la *Recherche*, et qui poursuit en précisant : « L'idée est ce niveau, cette dimension, […] donc […] l'invisible *de* ce monde, […] l'Être de cet étant »[2].

Pour tenter de comprendre plus en profondeur les implications d'une telle conception, il peut être utile de se rapporter au livre de Maurizio Ferraris intitulé *Estetica razionale*[3]. Dans la position merleau-pontienne semble en effet affirmé ce que Ferraris définit – de manière significative – comme « le chiasme de l'empirique et du transcendantal »[4], ou bien la « genèse empirique du transcendantal »[5]. Ce que nous venons d'entendre dans la description de Merleau-Ponty peut en d'autres termes se configurer comme *initiation empirique* – non pas empiriste – *au transcendantal*, lequel ne préexiste pas à l'expérience ; mais dans notre *ouverture* à elle il trouve la condition pour s'ouvrir à son tour, manifestant ainsi cette ouverture-là comme la « condition transcendantale du transcendantal »[6] lui-même. Par rapport à l'expérience, le transcendantal peut en effet se définir – dans les termes de Merleau-Ponty – comme « l'invisible *de* ce monde » : comme tel, il s'agit d'un transcendantal qui *transcende* l'expérience selon cette « transcendance de même type que dans vision » mise en évidence particulièrement – selon Merleau-Ponty – par « l'ontologie d'aujourd'hui », il transcende l'expérience, disais-je, et, une fois pour toutes, en « instaure » l'*idée*, rendant ainsi possibles la re-présentation et la reconnaissance.

1. M. Merleau-Ponty, *Le visible et l'invisible, op. cit.*, p. 198.
2. *Ibid.*
3. M. Ferraris, *Estetica razionale* Milano, Cortina, 1997.
4. *Ibid.*, p. 333.
5. *Ibid.*, p. 345.
6. *Ibid.*, p. 304.

Sur la base de ce qu'on a observé jusqu'ici, il semble donc possible d'affirmer que, pour Merleau-Ponty, non seulement l'initiation consiste dans la *fondation* empirique d'un transcendantal, mais également que, précisément en s'inaugurant, elle institue simultanément la distinction même entre *a priori* et *a posteriori*.

On sait que, dans notre tradition, se sont au contraire affirmées les tendances symétriques à « aposterioriser » et à « aprioriser » l'idée. Mais, à ce propos, Marc Richir fait remarquer comment ces tendances semblent renvoyer respectivement à ce qu'il définit comme « les deux pôles, corrélatifs, »[1] qui – implicitement, mais indissociablement – accompagnent la donation de tout phénomène : « le premier, celui d'une illusion de centration [*i.e.*du phénomène] sur lui-même qui le donnerait à voir, dans une coïncidence de centre à centre (du centre de la vision, à savoir l'œil, au centre du phénomène), comme un individu insécable, et le second, celui d'une illusion de centration universelle qui le donnerait à voir [*i.e.* le phénomène], mais comme décentré de façon contingente par rapport à ce centre universel, comme cas particulier ou comme simple illustration factuelle d'une idée »[2].

Ces pôles qui, dans la donation de tout phénomène – précise Richir – « ne paraissent jamais [...] qu'*en imminence* »[3], finissent toutefois par s'hypostasier dans les tendances symétriques de l'apostériorisation et de l'apriorisation de l'idée, tendances qui en sont venues, d'un point de vue historique, à se configurer comme « ce que le mode classique de philosopher pensait subsumer de la phénoménalité des phénomènes – comme être des étants »[4].

---

1. M. Richir, *Phénomènes, temps et êtres, op. cit.*, p. 84.
2. *Ibid.*, p. 78-79. En vertu de l'illusion dessinée dans le premier pôle, explique Richir, le phénomène est « individué comme pur fait » (*Ibid.*, p. 84).
3. *Ibid.*, p. 79.
4. *Ibid.*

Comme nous l'avons vu émerger plus haut, au contraire, la position merleau-pontienne conduit à considérer la distinction entre l'*a priori* et l'*a posteriori* non pas comme constituante, mais comme constituée : c'est la même considération que Ferraris avance à son tour en développant de manière originale une idée de Derrida.[1]

Dans cette conception chiasmatique du rapport entre empirique et transcendantal, outre l'inspiration que Husserl imprime à la phénoménologie transcendantale, on peut également trouver la trace du leibnizianisme de Merleau-Ponty (mis en évidence efficacement par Renaud Barbaras et Paolo Gambazzi[2]), et en particulier de la conceptualisation leibnizienne de la « partie totale »[3], qui aboutit à considérer l'idée comme, précisément, la dimensionnalisation d'un particulier en universel[4]. Une influence analogue peut être par ailleurs reconnue dans la *Recherche*, dont le protagoniste – lorsqu'il s'apprête à assister pour la première fois à un spectacle de théâtre – parvient en effet à observer :

---

1. *Cf.* M. Ferraris, *Estetica razionale*, *op. cit.*, en particulier III.3.3-6. Le renvoi est à J. Derrida, « Introduction » à E. Husserl, *L'origine de la géométrie*, trad. fr. par J. Derrida, Paris, P.U.F., 1962.

2. *Cf.* M. Merleau-Ponty, *Le visible et l'invisible*, *op. cit.*, en particulier la note de travail de décembre 1959 intitulée justement *Leibniz* (p. 276), ainsi que R. Barbaras, *De l'être du phénomène. Sur l'ontologie de Merleau-Ponty*, Grenoble, Millon, 1991, p. 263 *sq.* et P. Gambazzi, « Monadi, pieghe, specchi. Sul leibnizianesimo di Merleau-Ponty e Deleuze », art. cit., p. 27 *sq.* La reconnaissance témoignée par Deleuze est bien connue – dans des textes beaucoup plus récents que ceux que nous examinons ici – à l'égard de la compréhension du leibnizianisme par Merleau-Ponty : *cf.* G. Deleuze, *Le pli. Leibniz et le Baroque*, Paris, Minuit, 1988, p. 37, note 27. Sur l'horizon philosophique d'ensemble de ces problématiques, *cf.* E. Franzini, *Arte e mondi possibili. Estetica e interpretazione da Leibniz a Klee*, Milan, Guerini e Associati, 1994.

3. *Cf.* en particulier P. Gambazzi, « Monadi, pieghe, specchi. Sul leibnizianesimo di Merleau-Ponty e Deleuze », art. cit., p. 29 et p. 35-36.

4. « Le concept, la signification sont le singulier *dimensionnalisé* » (M. Merleau-Ponty, *Le visible et l'invisible*, *op. cit.*, p. 291).

Je fus heureux aussi dans la salle même ; depuis que je savais que — contrairement à ce que m'avaient si longtemps représenté mes imaginations enfantines — il n'y avait qu'une scène pour tout le monde, je pensais qu'on devait être empêché de bien voir par les autres spectateurs comme on l'est au milieu d'une foule ; or je me rendis compte qu'au contraire, *grâce à une disposition qui est comme le symbole de toute perception, chacun se sent le centre du théâtre* [1].

divergences : l'art comme vérité du sensible pour Merleau-Ponty et pour Deleuze

Pour Gilles Deleuze, au contraire, plutôt que dans le perspectivisme et dans l'expressionnisme de la perception, pourtant présents en filigrane dans le passage qu'on vient de lire, le leibnizianisme de Proust consiste à affirmer l'incommunicabilité des points de vue, que seul l'art parvient à outrepasser. Il est emblématique à ce propos que Merleau-Ponty et Deleuze tendent à reconnaître des accents opposés dans un même passage proustien, qu'il vaut la peine de citer ici de manière étendue :

La vraie vie, la vie enfin découverte et éclaircie, la seule vie par conséquent pleinement vécue, c'est la littérature. Cette vie qui, en un sens, habite à chaque instant chez tous les hommes aussi bien que chez l'artiste. Mais ils ne la voient pas, parce qu'ils ne cherchent pas à l'éclaircir. [...] Notre vie ; et aussi la vie des autres ; car le style pour l'écrivain aussi bien que la couleur pour le peintre est une question non de technique mais de vision. Il est la révélation, qui serait impossible par des moyens directs et conscients, de la différence qualitative qu'il y a dans la façon dont nous apparaît le monde, différence qui, s'il n'y avait pas l'art, resterait le secret éternel de chacun. Par l'art seulement nous pouvons sortir de nous, savoir ce que voit un autre de cet univers qui n'est pas le même que le nôtre et dont les paysages nous seraient restés aussi inconnus que ceux qu'il peut y avoir dans la lune. Grâce à l'art, au

1. M. Proust, *À l'ombre des jeunes filles en fleurs* dans *À la Recherche du temps perdu*, éd. cit., vol. I, p. 438 ; je souligne.

lieu de voir un seul monde, le nôtre, nous le voyons se multiplier, et autant qu'il y a d'artistes originaux, autant nous avons de mondes à notre disposition, plus différents les uns des autres que ceux qui roulent dans l'infini[1].

Merleau-Ponty commente ainsi : « Le visible (avec tout l'invisible qu'il traîne avec lui) est l'Être qui nous est commun et le langage de l'artiste (comme indirect et inconscient) est le moyen d'achever notre participation commune à cet Être »[2]. De son côté, Deleuze observe au contraire que, pour Proust, les essences sont assimilables à des monades et, comme telles, elles resteraient incommunicables si ce n'était pas grâce à l'art : « il n'y a d'intersubjectivité qu'artistique »[3].

Ainsi, même si on peut affirmer que chacune de ces deux perspectives finit par indiquer dans l'art la vérité du sensible, elles sont symétriques l'une de l'autre : Merleau-Ponty tend en effet principalement à souligner la continuité entre le sensible et l'art risquant peut-être, de la sorte, de mettre à l'arrière-plan la prise en compte de la particularité de l'art par rapport au sensible ; Deleuze tend en revanche principalement à marquer leur discontinuité et à mettre ainsi à l'arrière-plan la prise en compte du lien qui, pour permettre à l'un de s'avérer dans l'autre, doit pourtant les lier.

Il exclut en fait que la *Recherche* considère les signes sensibles comme des fragments doués de la valeur de « partie totale » ; à l'inverse, il relève dans l'œuvre proustienne une position *antilogique* (et dans ce sens non platonicienne) qui les ferait valoir *en tant que* fragments, que seul le style artistique saurait « ramasser »[4]. Si nous rappelons

---

1. M. Proust, *Le temps retrouvé* dans *À la Recherche du temps perdu*, éd. cit., vol. IV, p. 474.

2. M. Merleau-Ponty, *Notes de cours 1959-1961*, *op. cit.*, p. 196.

3. G. Deleuze, *Proust et les signes*, *op. cit.*, p. 55.

4. C'est ce terme – « ramasser » – que Deleuze emploie en conclusion du chapitre intitulé précisément « Antilogos » (cf. *Proust et les signes, op. cit.*, p. 139), inclus dans *Proust et les signes* à l'occasion de la seconde édition (1970). Deleuze développe ensuite l'examen du

cependant, comme l'a fait Heidegger[1], que « ramasser » précisément constitue l'un des premiers sens de λέγειν, et si en outre nous tenons compte du fait que Deleuze lui-même montre comment, dans la *Recherche*, le style fait tout un avec l'essence[2], alors la position qu'il trace – plutôt qu'« antilogique » – trouve précisément son propre *logos* dans le style, alors qu'au sensible – qui ne reçoit sa propre vérité que dans le reflet de la révélation artistique – il finit par conserver, avec un geste pleinement platonicien, une valeur *diminuée*. Mais, en réalité, l'accent mis par Deleuze sur le caractère présumé *antilogique* de la *Recherche* me paraît dicté surtout par une inspiration analogue à celle qui, un peu plus tard, poussera Jean-François Lyotard à critiquer Merleau-Ponty pour avoir élaboré, sur la base de la « réhabilitation ontologique du sensible », une « *philosophie de la chair savante* »[3], à savoir la philosophie d'une chair dans laquelle s'enracine déjà une possibilité de communication intersubjective puisqu'un logos s'y dessine tout de même : le « logos du monde esthétique ».

Pour dessiner un tel logos, interviennent les idées qui sont, comme nous l'avons lu précédemment, « l'invisible » du « monde esthétique », et que Merleau-Ponty qualifie par suite de « sensibles ». Reprenons donc l'examen de leur caractérisation.

Nous avons vu que l'idée sensible est désignée comme cette « dimension » qui s'ouvre en même temps que notre première rencontre avec

---

rapport que décrit à son avis la *Recherche* entre la partie et le tout dans le chapitre suivant « Les boîtes et les vases », en la focalisant dans la figure fondamentale de la « complication » définie comme « coexistence de parties asymétriques et non communicantes » (*Ibid.*, p. 141).

1. *Cf.* en particulier M. Heidegger, « Logos » in *Vorträge und Aufsätze*, Pfullingen, Neske, 1954, trad. fr. par A. Préau, *Essais et conférences*, Paris, Gallimard, 1958, p. 249-278.

2. « Le style n'est pas l'homme, le style, c'est l'essence elle-même » (G. Deleuze, *Proust et les signes, op. cit.*, p. 62).

3. J.-F. Lyotard, *Discours, figure*, Paris, Klincksieck, 1978[3], p. 22.

ses exemplaires, offrant ainsi une anticipation de connaissance qui « ne pourra plus être refermée » et qui, par suite, va se constituer, comme j'ai cherché à le mettre en évidence, en termes d'*a priori*. Avec la dimension de l'idée sensible, en somme, s'inaugure simultanément un temps que *Le visible et l'invisible* définit de manière significative comme un temps « mythique », puisqu'en lui − explique Merleau-Ponty − « certains événements ˮdu débutˮ gardent une efficacité continuée » [1], de sorte que − comme il le rappelle dans la note de travail citée ici au début − pour le protagoniste de la *Recherche* « les *vraies* aubépines sont les aubépines du passé » [2].

C'est en effet dans cette note de travail que nous avons entendu Merleau-Ponty commenter le fait que ce passé évoqué par Proust − qu'il définit un peu plus haut comme « architectonique » −

---

1. M. Merleau-Ponty, *Le visible et l'invisible*, *op. cit.*, p. 43. Dans le mythe homérique, rappelle Furio Jesi, « une historicité particulière admet, ou plutôt impose, le lien entre le présent et le passé. C'est l'historicité paradoxale des cultures dans lesquelles le passé anticipe et consacre, rend vrai, le présent » (F. Jesi, *Mito* [1973], Milano, Mondadori, 1989[2], p. 21). C'est justement dans une historicité semblable que, dans le passage cité plus haut, Merleau-Ponty nous invite à chercher la persistance également de « notre histoire personnelle et publique » (M. Merleau-Ponty, *Le visible et l'invisible*, *op. cit.*, p. 43), comme a su le faire à son avis, plus que les autres, l'œuvre proustienne. Mais à ce propos, il souligne à plusieurs reprises l'importance de la contribution de Bergson ; le fragment suivant de l'*Éloge de la philosophie* [1953] peut valoir comme exemple relatif au lien entre cette « historicité paradoxale » et l'idéation : « Bergson suggère, en parlant d'un *mouvement rétrograde du vrai*, qu'il s'agit d'une propriété fondamentale de la vérité. Penser, en d'autres termes penser une idée comme vraie, implique que nous nous arrogions sur le passé comme un droit de reprise, ou encore que nous le traitions comme une anticipation du présent, ou du moins que nous placions passé et présent dans un même monde » (M. Merleau-Ponty, *Éloge de la philosophie et autres essais*, Paris, Gallimard, 1960, p. 37).

2. M. Merleau-Ponty, *Le visible et l'invisible*, *op. cit.*, p. 296, mais *cf.* aussi M. Merleau-Ponty, *Notes de cours 1959-1961*, *op. cit.*, p. 197. La référence est à M. Proust, *Du côté de chez Swann*, éd. cit., p. 181-183, et en particulier à la phrase suivante : « Soit que la foi qui crée soit tarie en moi, soit que la réalité ne se forme que dans la mémoire, les fleurs qu'on me montre aujourd'hui pour la première fois ne me semblent pas de vraies fleurs. » (*Ibid.*, p. 182). Je reviendrai de manière plus approfondie sur cette phrase dans l'appendice du présent chapitre.

« appartient à un temps mythique, au temps d'avant le temps, à la vie antérieure, "plus loin que l'Inde et que la Chine" »[1]. Ailleurs, il précise qu'il s'agit d'un temps dans lequel « la synchronie […] enjambe […] sur la succession et sur la diachronie »[2] : un temps qui peut miroiter, donc, dans la simultanéité à laquelle à son avis l'ontologie implicite dans la pensée contemporaine et l'œuvre proustienne[3] elle-même s'efforcent de donner expression, dans ce « relief du simultané et du successif »[4] qui fonde dans notre expérience le chiasme de l'anticipation et de la reprise comme, dans une mélodie, celui de la première et de la dernière note[5]. Un temps qui peut miroiter, donc, justement *dans* ce chiasme.

C'est précisément dans un temps caractérisé de cette manière, plutôt que dans une éternité conçue à la manière du platonisme, que Merleau-Ponty voit vivre les idées sensibles décrites par Proust, qu'il qualifie avec bonheur comme « l'éternel de l'éphémère » et qu'il définit juste après comme « chiffres du singulier »[6].

Bien qu'éphémère, notre première rencontre avec leurs exemplaires est telle que – explique Proust – « tant que nous vivons, nous ne pouvons plus nous conduire comme si nous ne les avions jamais connues », vu que, pour leur part, ces idées ont « épousé notre condition mortelle »[7]. Dans les termes de Merleau-Ponty, la singularité de cette rencontre s'anticipe en généralité[8] – en

1. M. Merleau-Ponty, *Le visible et l'invisible, op. cit.*, p. 296.
2. M. Merleau-Ponty, *De Mauss à Claude Lévi-Strauss* [1959] dans *Signes, op. cit.*, p. 154.
3. Merleau-Ponty souligne en effet que dans la *Recherche* « le Temps devient autre chose que succession : pyramide de "simultanéité" » (M. Merleau-Ponty, *Notes de cours 1959-1961, op. cit.*, p. 197).
4. M. Merleau-Ponty, *Le visible et l'invisible, op. cit.*, p. 153.
5. A ce dernier sujet cf. *infra*, p. 142, la citation à laquelle la note 1 se refère.
6. M. Merleau-Ponty, *Notes de cours 1959-1961, op. cit.*, p. 196.
7. M. Proust, *Du côté de chez Swann*, éd. cit., p. 344.
8. C'est ainsi que Merleau-Ponty commente la première des deux phrases proustiennes que nous venons de citer : « Faits et dimensions – Singulières et générales comme le

« chiffre » — et elle se sédimente comme telle dans la mémoire de notre corps [1] : la dimension ouverte est alors « désormais *inaliénable, l'initiation* irréversible » [2].

C'est précisément cela — cette inscription sensible irréversible, en même temps singulière et générale, puisque, comme l'écrivait Proust à la manière de Leibniz, dans la perception « *chacun se sent au centre du théâtre* » — c'est précisément cela, disais-je, ainsi que leur configuration commune de « "notions sans équivalent" (intellectuel) » [3], d'entités négatives en somme, qui est le motif indiqué par Merleau-Ponty pour expliquer pourquoi Proust tend à assimiler les idées qui transparaissent dans l'art à celles « de la lumière, du son, du relief, de la volupté physique » [4] : à des idées sensibles en somme.

Mais si, en vertu de cette assimilation, Merleau-Ponty peut interpréter l'ordre des idées ainsi tracé en restant en deçà de l'opposition entre essences individuelles et universelles, ainsi qu'en caractérisant par le sens indiqué plus haut le « temps mythique » dans lequel elles vivent, Gilles Deleuze — on y a déjà fait allusion — tend par contre à souligner ce qui distingue ceux qu'il appelle respectivement « signes sensibles » et « signes artistiques ». Dès lors, il observe avant tout que les uns restent encore matériels alors que les autres parviennent à une ductilité et à une transparence particulières [5], qui leur

sensible, indestructibles pour la vie », M. Merleau-Ponty, *Notes de cours 1959-1961, op. cit.*, p. 194.

1. Cf. *Ibid.*, p. 194 et p. 196, ainsi que la note de travail du *Visible et l'invisible*, déjà citée, dans laquelle Merleau-Ponty se réfère aux « *vraies* aubépines », mais également — un peu plus loin — à la « corporéité proustienne comme gardienne du passé » (M. Merleau-Ponty, *Le visible et l'invisible, op. cit.*, p. 297).

2. M. Merleau-Ponty, *Notes de cours 1959-1961, op. cit.*, p. 193.

3. Cf. *Ibid.*, p. 194. Pour l'expression « notions sans équivalent », *cf.* M. Proust, *Du côté de chez Swann*, éd. cit., p. 344.

4. *Ibid.* Les éléments de cette explication sont indiqués de manière répétée dans M. Merleau-Ponty, *Notes de cours 1959-1961, op. cit.*, p. 193-194 et p. 196.

5. *Cf.* G. Deleuze, *Proust et les signes, op. cit.*, p. 80.

permettent d'être dans une unité parfaite avec leur propre sens spirituel : cette unité parfaite dans laquelle consiste l'essence [1]. Deleuze observe en outre que cette essence n'est pas seulement « individuelle », mais « individualisante » [2] lorsqu'elle s'incarne dans les signes de l'art, alors qu'il reste en elle « un minimum de généralité » quand on la rencontre − non sans une marge de contingence et de hasard − dans les signes sensibles [3] ; il observe finalement que ces derniers se limitent à donner « l'image instantanée » [4] de ce « temps originel » [5], « identique à l'éternité » [6] qui est révélé en revanche par les signes artistiques.

De cette manière, dans la première édition de *Proust et les signes*, celle de 1964, Deleuze finit par offrir de la *Recherche* l'image d'un *Bildungsroman* à la démarche hégélienne, dans lequel la révélation artistique de l'essence en vient à remplir la fonction d'une sorte de savoir absolu [7].

---

1. Cf. *Ibid.*, p. 53.

2. Cf. *Ibid.*, p. 56.

3. Cf. *Ibid.*, p. 77 et p. 80 : « la mémoire [*sc.* : involontaire] réunit deux objets qui tiennent encore à une matière opaque, et dont le rapport dépend d'une association. Ainsi, l'essence elle-même n'est plus maîtresse de sa propre incarnation, de sa propre sélection, mais est sélectionnée d'après des données qui lui restent extérieures : par là même, elle prend le minimum de généralité dont nous parlions tout à l'heure ».

4. *Ibid.*, p. 79.

5. *Ibid.*, p. 78.

6. *Ibid.*, p. 77.

7. Deleuze décrit ainsi cette « sorte de hiérarchie » qui lui semble gouverner les lignes de temps de la *Recherche* : « D'une ligne à l'autre, le rapport du signe et du sens se fait plus intime, plus nécessaire et plus profond. Chaque fois, sur la ligne supérieure, nous récupérons ce qui restait perdu dans les autres. Tout se passe comme si les lignes du temps se brisaient, s'emboîtaient les unes dans les autres. Ainsi c'est le temps lui-même qui est sériel ; chaque aspect du temps est maintenant lui-même un terme de la série temporelle absolue, et renvoie à un Moi qui dispose d'un champ d'exploration de plus en plus vaste et de mieux en mieux individualisé. Le temps primordial de l'art imbrique tous les temps, le Moi absolu de l'art englobe tous les Moi » (*Ibid.*, p. 108).

Mais si cette considération systématique tend inévitablement à mettre en évidence les points de divergence subsistant entre la lecture deleuzienne et la lecture merleau-pontienne de la *Recherche*, on peut à l'inverse rencontrer des marques significatives de convergence du moment que l'on se concentre sur la caractérisation que donne Deleuze de l'« idée sensible » proustienne qu'il thématise de manière plus approfondie : l'idée de Combray – « l'en-soi de Combray », comme il la définit en réalité[1] –, sensible en tant que « contenue » dans la saveur du thé et de la madeleine et inséparable de ceux-ci[2], dans le lien essentiel qu'elle entretient avec sa temporalité propre et qui fait l'objet d'un examen surtout dans les pages de *Différence et répétition*.

convergences : l'idée sensible de Combray

Dans *Différence et répétition*, « l'en-soi de Combray » est individué dans la « différence essentielle » entre le Combray effectivement vécu dans le passé et le Combray volontairement souvenu dans le présent[3]. « L'en-soi de Combray » est par conséquent désigné comme un « fragment » de ce « passé pur »[4] dans lequel, pour Deleuze, les idées vivent : « un passé qui n'a jamais été présent »,

1. G. Deleuze, *Différence et répétition*, *op. cit.*, p. 115, mais *cf.* aussi *Proust et les signes*, *op. cit.*, p. 72-76.
2. *Cf.* G. Deleuze, *Proust et les signes*, *op. cit.* p. 144.
3. *Cf.* G. Deleuze, *Différence et répétition*, *op. cit.*, p. 160, note 1, *cf.* également *Proust et les signes*, où Deleuze observait déjà à ce propos : « Ce n'est plus le Combray de la perception, ni de la mémoire volontaire. Combray apparaît tel qu'il ne pouvait pas être vécu : non pas en réalité, mais dans sa vérité ; non pas dans ses rapports extérieurs et contingents, mais dans sa différence intériorisée, dans son essence » (*op. cit.*, p. 76).
4. G. Deleuze, *Différence et répétition*, *op. cit.*, p. 160, note 1.

comme il le définit par ailleurs[1], et qui tend à se présenter — explique-t-il — comme « un ancien présent *mythique* »[2].

Ce n'est pas seulement dans cette expression que paraît perceptible l'écho d'une consonance entre la position qu'on vient de rappeler ici et celle mise en place par le dernier Merleau-Ponty. Mais il convient de commencer par cette expression. Nous savons par ailleurs que nous l'avons déjà rencontrée, au début du présent chapitre, dans la note de travail du *Visible et l'invisible* qui rappelait comment le protagoniste de la *Recherche* sent incarnée, dans les aubépines du côté de Méséglise, l'essence d'un passé qui « appartient à un temps mythique, au temps d'avant le temps, à la vie antérieure ». Egalement dans les notes préparatoires du cours intitulé « L'ontologie cartésienne et l'ontologie d'aujourd'hui », Merleau-Ponty revient sur la phrase qui, dans ces pages de Proust, avait déjà plusieurs fois retenu son attention : « La réalité ne se forme que dans la mémoire »[3]. Par là — commente-t-il — Proust n'entend pas soutenir qu'il s'agit « d'une *illusion* de réalité. Non, c'est bien de ce qui fut qu'on se souvient »[4]. Cette dernière affirmation semble alors mettre en

---

1. *Ibid.*, p. 115. Leonard Lawlor (« The End of Phenomenology : Expressionism in Deleuze and Merleau-Ponty » [1998] in *Thinking through French Philosophy : the Being of the Question*, Bloomimgton & Indianapolis, Indiana University Press, 2003, p. 80-94) a attiré l'attention sur l'usage d'une expression voisine en conclusion du chapitre de la *Phénoménologie de la perception* consacré par Merleau-Ponty au thème du « sentir » (*cf.* M. Merleau-Ponty, *Phénoménologie de la perception*, Paris, Gallimard, 1945, p. 280). La dynamique décrite par Merleau-Ponty à cet endroit est en effet proche de celle prise en vue ici par Deleuze. Il s'agit du mouvement — dans ce cas-là référé à l'anonymat de la perception — qui « donne un passé au présent et l'oriente vers un avenir » : de cette manière, il « atteste et renouvelle en nous une "préhistoire" » (*Ibid.*, p. 277) qui est perçue comme opérante et en même temps inatteignable.

2. G. Deleuze, *Différence et répétition*, *op. cit.*, p. 119.

3. Cf. *supra*, p. 60, note 2.

4. M. Merleau-Ponty, *Notes de cours 1959-1961*, *op. cit.*, p. 202. Merleau-Ponty s'exprime dans les mêmes termes dans la note de travail du *Visible et l'invisible* intitulée « *Einströmen* — Réflexion » et datée de février 1959, où il parle en effet de « mon passé [...] tel qu'il fut (et

évidence les termes d'une distance entre une telle conception et celle de Deleuze, qui soutenait que Combray ressurgit non pas tel qu'il « fut » effectivement vécu, mais bien « en soi ». Toutefois, nous savons que nous ne pouvons pas nous méprendre sur le sens de la revendication de Merleau-Ponty – « c'est précisément de ce qui fut qu'on se souvient » –, puisque c'est justement à propos de ce passé que nous l'avons vu écrire qu'il « appartient à un temps mythique, au temps d'avant le temps, à la vie antérieure ». Poursuivant le commentaire de la phrase proustienne, les notes de cours précisent en effet : « Par la distance, le présent "développe" tout son sens »[1]. Il indique peu après comment entendre précisément ce *développer* mis entre guillemets[2] : « chair devenue essence »[3].

Le « développement » dû à la distanciation éloigne en somme le passé de la manière dont il a été effectivement vécu, pour en expliciter l'« essence charnelle », l'« idée sensible » ou – autrement dit – l'« en-soi ». De manière significative, un peu plus loin[4] nous trouvons en effet – tirée du dernier volume de la *Recherche* – une phrase qui parle, à ce propos, de ce « que nous apporte hors du temps l'essence commune aux sensations du passé et du présent »[5] : une essence qui, justement en tant qu'elle leur est commune, par là même, ne peut être, comme l'en-soi de Combray, que *différente* d'eux. Penser l'idée sensible merleau-pontienne de la manière dont Deleuze caractérise celle de Combray permet alors de saisir plus

---

non pas tel que je le reconquiers par un *acte* d'évocation » (M. Merleau-Ponty, *Le visible et l'invisible*, op. cit., p. 227).

1. M. Merleau-Ponty, *Notes de cours 1959-1961*, op. cit., p. 202.

2. Il vaut la peine de rappeler que dans le déploiement du sens enveloppé dans les signes, Deleuze relève à son tour l'une des dynamiques fondamentales de la *Recherche*, *cf.* par exemple G. Deleuze, *Proust et les signes*, op. cit., p. 141.

3. M. Merleau-Ponty, *Notes de cours 1959-1961*, op. cit., p. 202.

4. Cf. *Ibid.*

5. M. Proust, *Le temps retrouvé*, éd. cit., p. 477.

profondément les motifs pour lesquels Merleau-Ponty, comme je le rappelais dans le chapitre précédent, définit une autre notion qui à son tour me semblait devoir être conçue en termes d'idée sensible : celle d'espèce animale – à comprendre en tant qu'« élément trans-temporel et trans-spatial » auquel il faut reconnaître une valeur ontologique.

Si en effet, selon l'indication fournie à nouveau par Merleau-Ponty, le terme « élément » est à comprendre comme une « sorte de principe incarné qui importe un style d'être partout où il s'en trouve une parcelle »[1], le « *trans* » qui en caractérise la temporalité n'est certes pas à concevoir à son tour comme la *traversée* de la succession temporelle dans sa sérialité ponctuelle, mais bien – comme Deleuze l'écrit justement à propos de Combray en-soi – en tant que « différenciant »[2] du chiasme entre passé et présent, en tant que son « centre tout virtuel »[3], qui en ce sens, et non pas dans celui du platonisme, se situe – comme l'écrivait Proust – « hors du temps », se trouve donc non pas au-delà de lui, mais plutôt, comme l'explique une autre note de travail du *Visible et l'invisible*, « entre [...] mon passé et mon présent »[4]. Et le « *trans* » qui caractérise la spatialité n'est pas à concevoir différemment, en la traversant d'un style impossible à confondre et pourtant *non isolable localement* : un style qui se trouve

---

1. *Cf.* M. Merleau-Ponty, *Le visible et l'invisible*, op. cit., p. 184.
2. G. Deleuze, *Différence et répétition*, op. cit., p. 160, note 1, mais *cf.* aussi *Ibid.*, p. 154, où le différenciant est défini comme « un en-soi [...] par quoi le différent se trouve en même temps rassemblé ». A ce même propos – celui de la différence temporelle qui, comme telle, rassemble, *cf.* encore la note de travail du *Visible et l'invisible* datée de novembre 1960 et intitulée « Temps et chiasme » (M. Merleau-Ponty, *Le visible et l'invisible*, op. cit., p. 321).
3. M. Merleau-Ponty, *Le visible et l'invisible*, op. cit., p. 154.
4. *Ibid.*, p. 272.

donc — c'est le cas de le dire — « partout et nulle part »[1]. Ainsi
— comme « *Wesen*, au sens verbal »[2] — Merleau-Ponty cherche justement à le penser à travers les références de Heidegger au lycée[3], ou
encore, dans les notes de cours qui suivent immédiatement celles
consacrées à Proust, reconnaissant dans l'*Introduction à la peinture
hollandaise* de Claudel[4] une introduction au « chiffre » même — à
l'en-soi — « de la Hollande »[5]. Mais surtout de cette façon — en
termes de différenciation et non de juxtaposition — il avertit qu'il faut
penser le *devenir-essence* de la « cohésion de l'homme avec son
espace-temps »[6]. Précisément à propos de Claudel, en effet, il écrit :
« Temps et espace sont des horizons et non pas série de choses. Et
des horizons qui empiètent l'un sur l'autre : je lis le temps dans
l'espace et je lis de l'espace dans le temps [...]. Une seule grande
différenciation d'un seul Être »[7].

La trans-temporalité et la trans-spatialité qui caractérisent un
élément sont donc à comprendre comme « des rayons de passé et des
rayons de monde au bout desquels [...] palpitent quelques structures

1. A ce propos, qu'il me soit permis de renvoyer au chapitre intitulé « Tracce di non.
Variazioni sul tema dello stile » de mon livre *Di alcuni motivi in Marcel Proust*, Milano,
Cortina, 1998, p. 77 *sq.*

2. M. Merleau-Ponty, *Le visible et l'invisible*, *op. cit.*, p. 256.

3. A la référence au « *Wesen*, au sens, dit Heidegger, que le mot a quand il est employé
comme verbe », Merleau-Ponty attache en effet celle du « souvenir de lycée » qui s'est
sédimenté « dans son odeur », dont parle Heidegger dans *Einführung in die Metaphysik*,
Tübingen, Niemeyer, 1953, trad. fr. par G. Kahn, Paris, Gallimard, 1967, p. 44-45.
Cf. M. Merleau-Ponty, *Le visible et l'invisible*, *op. cit.*, p. 154, note 1, ainsi que p. 301. Sur la
lecture par Merleau-Ponty de la notion heideggerienne du « *Wesen* au sens verbal », *cf.* en
particulier M. Richir, *op. cit.*, p. 66, 82, 95 et 101, ainsi que P. Gambazzi, « La piega e il
pensiero. Sull'ontologia di Merleau-Ponty », art. cit.

4. *Cf.* P. Claudel, *Introduction à la peinture hollandaise* dans *L'œil écoute*, *op. cit.*

5. M. Merleau-Ponty, *Notes de cours 1959-1961*, *op. cit.*, p. 200.

6. *Ibid.*, p. 199.

7. *Ibid.*, p. 200,

presque sensibles »[1] : bref, notre rencontre avec ces rayons nous offre l'*ouverture* d'une idée sensible qui donc, sans se prétendre essence métaphysique, revendique sa propre valeur ontologique. En effet, dans son « éclosion » (φύειν) – terme qui renvoie de nouveau à ce qu'enseignait Heidegger dans l'*Introduction à la métaphysique*, à quoi nous avons déjà vu Merleau-Ponty faire référence implicitement[2] – il en va de l'être même, puisque, si cette idée n'est pas simplement un « être de raison »[3], dès lors elle n'est pas une réflexion conduite sur l'être *de l'extérieur*, mais plutôt un *déploiement essentiel* de l'intentionnalité latente que Merleau-Ponty va jusqu'à caractériser comme « *intérieure* à l'être »[4], et qui opère en deçà de tout face à face entre le moi et le monde. Dans ce sens, cette idée peut par suite être considérée – selon une expression de Henri Maldiney[5] – comme un « événement-avènement » de cet être. Un événement-avènement certes *fragile*, puisque Marc Richir définit à son tour l'idée sensible conçue par Merleau-Ponty comme « une sorte de précipité ou de cristallisation, cependant toujours provisoire, contingente et

---

1. M. Merleau-Ponty, *Le visible et l'invisible, op. cit.*, p. 293.
2. Comme le rappelait justement Merleau-Ponty, Heidegger suggérait d'interpréter la notion d'essence (*Wesen*) au sens *verbal*, visant par là à nommer le *déploiement* de l'essence de l'être, ce dernier étant à son tour pensé selon le terme grec qui à son avis le nomme véritablement : le terme de φύσις, qui – explique Heidegger – « dit ce qui s'épanouit de soi-même (par ex. l'épanouissement d'une rose), le fait de se déployer en s'ouvrant et, dans un tel déploiement, de faire son apparition, de se tenir dans cet apparaître, et d'y demeurer, bref, il dit la perdominance perdurant dans un s'épanouir » (M. Heidegger, *Einführung in die Metaphysik, op. cit.*, trad. fr. p. 26). Par le sens verbal de *Wesen* Heidegger cherche en somme à penser et à dire à nouveau l'*épanouissement* de l'essence même de l'être.
3. M. Merleau-Ponty, *La Nature. Notes. Cours du Collège de France, op. cit.*, p. 247.
4. M. Merleau-Ponty, *Le visible et l'invisible, op. cit.*, p. 298 ; je souligne : il s'agit encore une fois de la note de travail intitulée « Passé "indestructible", et analytique intentionnelle, – et ontologie ».
5. *Cf.* H. Maldiney, *L'art, l'éclair de l'être. Traversées*, Seyssel, Comp'Act, 1993, p. 333.

momentanée de l'indéfinie (ou in-finie) subtilité du phénomène » [1].
On rappellera néanmoins qu'il s'agit de l'événement-avènement de
l'*initiation* à une « dimension », qu'il est donc destiné à se sédi-
menter, en tant qu'« éternel de l'éphémère », en un mythique
« temps précédant le temps », à se faire précisément *élément* [2].
Pour tout cela, sur la même page que celle où il en donne la définition
citée précédemment, Merleau-Ponty écrit alors que, compris de cette
manière, l'élément est « inauguration du *où* et du *quand* » [3]. Pour sa
part, dans *Proust et les signes*, à propos des idées sensibles telles que —
nous l'avons vu — on peut considérer l'en-soi de Combray, Gilles
Deleuze écrit que leur surgissement est « *la naissance d'un monde
individuant* » [4]. J'ai déjà indiqué en effet que l'essence proustienne
est à son avis non seulement « individuelle », mais même un
« principe d'individuation ». Son individuation — l'incarnation du
monde enveloppé en elle — est donc, souligne-t-il, « toujours [...] un
commencement de l'univers » [5] ainsi que l'initiation à celui-ci [6]. Ce
commencement marque par conséquent « la naissance du Temps
lui-même » [7], qui — précisément comme « à l'état de naissance » [8] —
se trouve encore, poursuit-il, « enroulé, compliqué dans l'essence

---

1. En vertu de cette subtilité — explique en effet Richir — « tout phénomène est toujours, à
la fois ou du même mouvement, un phénomène paraissant illusoirement comme isolé et
indivisible, et multiplicité indéfinie de phénomènes, tout aussi illusoirement insularisés
les uns par rapport aux autres » (M. Richir, *op. cit.*, p. 85).
2. C'est Richir qui souligne que « Le *cosmos* de Merleau-Ponty n'est pas seulement
constitué, comme celui des Grecs, des quatre éléments — encore qu'en un sens il puisse s'y
ramener — parce qu'il y a, en lui, autant d'éléments qu'il y a de pareilles modulations de la
chair, de pareilles *apparences* de la phénoménalité des phénomènes » (*Ibid.*, p. 90).
3. M. Merleau-Ponty, *Le visible et l'invisible*, *op. cit.*, p. 184.
4. G. Deleuze, *Proust et les signes*, *op. cit.*, p. 134.
5. *Ibid.*, p. 57.
6. « L'égyptologue, en toutes choses, est celui qui parcourt une *initiation* — l'apprenti »
(*Ibid.*, p. 112 ; je souligne).
7. *Ibid.*, p. 58.
8. *Ibid.*, p. 59.

elle-même, embrassant à la fois toutes ses séries et ses dimensions »[1] : il se trouve encore, en somme, à l'« état originaire »[2] qui, comme je le disais, s'identifie pour Deleuze avec l'éternité et que seuls les signes de l'art savent retrouver[3]. Par ailleurs il faut noter au passage que sa lecture de Proust n'accorde pas une dignité comparable à l'espace[4], considérant en fait que l'incarnation sensible de l'essence est d'autant plus *diminuée* qu'elle est *localisante*[5]. Au-delà de cela, toutefois, sur la base de ce qui a été dit ici – sur les développements enregistrés dans *Différence et répétition* comme sur les consonances entre ceux-ci et les conceptions mises en lumière dans la dernière philosophie de Merleau-Ponty – on peut se demander si par « temps compliqué » – et dans le cas d'un espace désigné de manière analogue – plutôt que leur « état originaire » respectif tel que défini précédemment, il ne faut pas entendre plutôt le champ de différenciations spatio-temporelles ouvert par notre initiation au monde, où l'espace et le temps, tout en étant « mythiquement » compliqués – ou encore tout en étant, chacun dans ses propres dimensions ainsi que l'un par rapport à l'autre, *Ineinander* – ne sont pas cependant moins déployés par l'initiation même, selon un mouvement double et simultané qui fait un avec la conception

1. *Ibid.*
2. *Ibid.*
3. Cf. *Ibid.*, p. 59-60.
4. Merleau-Ponty note en revanche : « Espace, on parle moins de l'espace de Proust ; pourtant quelque chose d'analogue » à la simultanéité temporelle qu'il vient de relever à ce même endroit (M. Merleau-Ponty, *Notes de cours 1959-1961, op. cit.*, p. 197). Sur le thème de l'espace dans la *Recherche cf.* au moins la contribution classique de G. Poulet, *L'espace proustien*, Paris, Gallimard, 1963, 1982², qui soutient la thèse selon laquelle « si la pensée de Bergson dénonce et rejette la métamorphose du temps en espace, Proust non seulement s'en accommode mais s'y installe, la pousse à l'extrême et en fait finalement un des principes de son art » (*Ibid.*, p. 10).
5. « L'essence se réalise dans le souvenir involontaire à un degré plus bas que dans l'art, elle s'incarne dans une matière plus opaque. D'abord, l'essence [...] est principe de localisation plutôt que d'individuation » (G. Deleuze, *Proust et les signes, op. cit.*, p. 77).

merleau-pontienne de l'originaire en éclatement permanent[1], en tant que tel essentiellement différent d'un « état » identique à l'éternité à laquelle chercher à faire retour[2]. En vertu de ce double mouvement simultané, en effet, comme il m'est déjà arrivé de l'indiquer, l'initiation peut ouvrir, avec l'idée sensible, « une dimension qui ne peut plus être refermée » — peut en somme fonder une suite ininterrompue de reprises et de recommencements — seulement en tant qu'elle fonde simultanément aussi une « vie antérieure » qui ne cessera jamais de se projeter sur cette suite, gardant à certains événements *du début* — selon la définition heureuse de « temps mythique » proposée par Merleau-Ponty — une efficacité continuée.

le corps des idées

Penser dans cette direction signifie alors éviter d'affirmer, dans la lecture de la *Recherche*, une séparation absolue entre, d'une part, le temps retrouvé compris comme « originaire » dans le sens d'« identique à l'éternité », révélé par conséquent par les seuls signes de l'art dans leur lien avec « la pensée pure comme faculté des

1. *Cf.* M. Merleau-Ponty, *Le visible et l'invisible, op. cit.*, p. 165, mais encore plus le passage suivant de la note de travail intitulée « Activité : passivité — téléologie » et datée de novembre 1960 : « il n'y a plus pour moi de question des *origines*, ni de limites, ni de séries d'événements allant vers cause première, *mais un seul éclatement d'Être qui est à jamais*. Décrire le monde des "rayons de monde" par-delà toute alternative sérial-éternitaire ou idéal » (*Ibid.*, p. 318 ; je souligne).

2. Un tel « état » se révèle en effet subordonné à ce « mythe philosophique de l'origine » sur lequel se fonde le platonisme et que, par ailleurs, sur la base des notes du cours de 1958-59 consacrées par Merleau-Ponty à « Heidegger : la philosophie comme problème » (*cf.* M. Merleau-Ponty, *Notes de cours 1959-1961, op. cit.*, p. 91-148), Fabio Ciaramelli retrace et critique également chez Heidegger en l'opposant précisément à la conception merleau-pontienne de l'éclatement de l'originaire. *Cf.* F. Ciaramelli, « L'originaire et l'immédiat. Remarques sur Heidegger et le dernier M. Merleau-Ponty », *Revue philosophique de Louvain*, t. 96, n. 2, mai 1998, en particulier p. 225-231.

essences » [1], et, d'autre part, le temps retrouvé des signes sensibles dans leur lien avec les facultés enracinées plutôt dans notre corporéité, comme la mémoire involontaire ou bien « l'imagination telle qu'elle naît du désir » [2]. Paul Ricœur aussi conseille du reste, précisément dans une polémique avec Deleuze, d'éviter une telle séparation, en observant que ce n'est pas l'abord du premier des deux domaines, mais bien « le problème du rapport » entre les deux, qui est le thème de l'œuvre de Proust [3]. Mais pas seulement de cette œuvre-là. En termes plus généraux, ceux employés par Merleau-Ponty dans le chapitre intitulé « Interrogation et intuition » du *Visible et l'invisible*, ce qu'il s'agit d'éviter est la distinction entre les faits compris comme « multiplicité des atomes spatio-temporels » [4] et les essences comme « significations sans localité ni temporalité » [5] : éviter de les distinguer − explique-t-il − « non que, mélangés dans notre expérience, ils soient dans leur pureté inaccessibles » [6], mais afin de penser précisément ce mélange [7] et éviter ainsi des rechutes dans le platonisme. C'est ce que Merleau-Ponty se propose, entre autres, en reconnaissant aux idées, selon une suggestion de Valéry, un corps [8] − le « temps mythique » précisé-

1. G. Deleuze, *Proust et les signes, op. cit.*, p. 106.

2. *Ibid.*, p. 105-106.

3. *Cf.* P. Ricœur, *Temps et récit*. II *La configuration dans le récit de fiction*, Paris, Seuil, 1984, p. 195.

4. M. Merleau-Ponty, *Le visible et l'invisible, op. cit.*, p. 153.

5. *Ibid.*, p. 152.

6. *Ibid.*, p. 153.

7. « L'Être n'étant plus *devant moi*, mais m'entourant et, en un sens, me traversant, ma vision de l'Être ne se faisant pas d'ailleurs, mais du milieu de l'Être, les prétendus faits, les individus spatio-temporels, sont d'emblée montés sur les axes, les pivots, les dimensions, la généralité de mon corps, et les idées donc déjà incrustées à ses jointures » (*Ibid.*, p. 154).

8. « Le temps est ce "corps de l'esprit" dont parlait Valéry » (M. Merleau-Ponty, « Préface » à *Signes, op. cit.*, p. 21), mais *cf.* également la note de travail déjà évoquée du *Visible et l'invisible* datée de novembre 1960 et intitulée « Temps et chiasme » et qu'il vaut la peine de rapporter ici en entier : « La *Stiftung* d'un point du temps peut se transmettre

ment – en vertu duquel ne plus assimiler l'« initiation » à un *commencement* métaphysique. Et c'est ce que Deleuze tentera à son tour, dans *Logique du sens*, en pensant l'« impensable » *être ensemble* de *chronos* et *aiôn* [1]. Si en effet, selon l'expression de Valéry à laquelle je viens de faire allusion, le temps est « le corps de l'esprit », alors on peut affirmer que c'est tout d'abord à travers lui que passe le chemin pour comprendre efficacement le chiasme de l'empirique et du transcendantal.

A propos de la corrélation entre ces deux termes, on peut par ailleurs observer la manière dont Deleuze explique, dans *Différence et répétition*, que « l'empirisme devient transcendantal [...] quand nous appréhendons directement dans le sensible [...] l'être même *du* sensible » [2] : des mots qui ne sont pas sans consonance avec la définition que nous avons vu Merleau-Ponty donner de l'idée sensible comme, précisément, « l'invisible *de* ce monde, [...] l'Être de cet étant » : bref, comme son transcendantal, dans le sens que j'ai cherché à préciser au début du présent chapitre.

Sur ce point, je me trouve en accord avec Maurizio Ferraris lorsque, dans le livre que j'ai eu l'occasion de citer précisément en ouverture, il observe que *Différence et répétition* présente à tort l'« empirisme transcendantal » comme « une plante exotique et subversive » [3]. Pensant philosophiquement l'idée sensible proustienne dans son lien essentiel avec les notions d'« initiation » et de « temps mythique », Merleau-Ponty était en fait en train de laisser percer

aux autres sans "continuité" sans "conservation", sans "support" fictif dans la psyché à partir du moment où l'on comprend le temps comme chiasme. Alors passé et présent sont *Ineinander*, chacun enveloppé-enveloppant, – et cela même est la chair » (M. Merleau-Ponty, *Le visible et l'invisible*, *op. cit.*, p. 321).

1. *Cf.* G. Deleuze, *Logique du sens*, Paris, Minuit, 1969, en particulier la dixième et la vingt-troisième série.

2. G. Deleuze, *Différence et répétition*, *op. cit.*, p. 79-80.

3. M. Ferraris, *Estetica razionale*, *op. cit.*, p. 177.

dans sa propre ontologie un germe au fond fort semblable à cette plante. C'est précisément cette pensée convergente de l'idée sensible qu'il s'agit à présent de confronter de plus près avec le legs de la tradition platonicienne.

« les vraies aubépines sont les aubépines du passé » : appendice sur mémoire et initiation

> Soit que la foi qui crée soit tarie en moi, soit que la réalité ne se forme que dans la mémoire, les fleurs qu'on me montre aujourd'hui pour la première fois ne me semblent pas de vraies fleurs [1].

Tirée des pages consacrées aux aubépines du côté de Méséglise [2], voilà la phrase de Proust évoquée dans la note de travail du *Visible et l'invisible* que j'ai citée au début du chapitre que je viens de terminer. Mais, comme j'y faisais allusion, Merleau-Ponty revient aussi sur ces pages proustiennes – dans lesquelles il semble qu'une vraie initiation soit décrite – dans les notes sur la *Recherche* préparées pour le cours intitulé « L'ontologie cartésienne et l'ontologie d'aujourd'hui », s'arrêtant précisément sur cette phrase en particulier en deux occasions [3].

À la deuxième occasion, les notes de cours se réfèrent exclusivement au passage selon lequel « la réalité ne se forme que dans la mémoire », qui se trouve par ailleurs cité aussi dans une lettre de Merleau-Ponty adressée à Claude Simon [4], qu'il considérait en effet comme l'un des héritiers de la lignée littéraire ouverte par Proust : cette lignée caractérisée – explique-t-il dans d'autres notes de ces

---

1. M. Proust, *Du côté de chez Swann*, éd. cit., p. 182.
2. Cf. *Ibid.*, p. 181-183.
3. *Cf.* M. Merleau-Ponty, *Notes de cours 1959-1961*, *op. cit.*, p. 197 et p. 202.
4. *Cf.* M. Merleau-Ponty, *Merleau-Ponty répond à Claude Simon* « *écrivain et penseur* » [23 mars 1961], « Critique », novembre 1981, n. 414, p. 1147, reprise dans M. Merleau-Ponty, *Parcours deux (1951-1961)*, Lagrasse, Verdier, 2000, p. 314-316 (ici p. 314).

cours — par le « renversement des rapports du visible et de l'invisible, de chair et esprit »[1].

Dans le chapitre précédent j'ai déjà signalé que les notes examinées ici commentent l'hypothèse selon laquelle « la réalité ne se forme que dans la mémoire » en l'interprétant dans la manière suivante : « Par la distance, le présent "développe" tout son sens »[2]. Et la manière dont il convient d'entendre précisément le « développe » mis entre guillemets, expliquais-je, est indiquée quelques lignes plus bas : « chair devenue essence »[3], empirique devenu transcendantal — pourrait-on dire en d'autres termes — et projeté, en tant qu'*a priori*, dans un temps mythique.

En d'autres termes, la « dimension qui ne pourra plus être refermée »[4], tout en éloignant le passé de la manière dont il a été effectivement vécu, *opère* pour en expliciter — en la plaçant à l'intérieur d'une temporalité « mythique » et donc « indestructible » — l'« essence charnelle », l'« idée sensible », l'être *dimensionnel*, justement[5] : ainsi, le protagoniste de la *Recherche* finit par apercevoir, incarnée dans les aubépines du côté de Méséglise, l'essence d'un passé qui « appartient à un temps mythique, au temps d'avant le temps, à la vie antérieure ».

1. M. Merleau-Ponty, *Notes de cours 1959-1961*, *op. cit.*, p. 392. À propos du passage complet auquel je me réfère, cf. *supra*, p. 34, note 3.

2. M. Merleau-Ponty, *Notes de cours 1959-1961*, *op. cit.*, p. 202.

3. *Ibid.*, p. 202.

4. M. Merleau-Ponty, *Le visible et l'invisible*, *op. cit.*, p. 198.

5. Ce qui comporte par ailleurs la conséquence que Merleau-Ponty indiquait déjà en 1957 quant à la question de la réduction phénoménologique : « Après tout, c'est Husserl qui a dit qu'il n'y avait pas de réduction transcendantale qui ne fût pas d'abord une réduction eidétique. Et alors, est-ce que, du fait que toute réduction est d'abord eidétique, il n'en résulte pas qu'elle ne saurait jamais être pensée adéquate de l'expérience effective, puisqu'il y a toujours entre l'*eidos* et l'expérience effective cette distance qui fait justement la clarté de la pensée réfléchie ou philosophique ? » (M. Merleau-Ponty, Intervention au Troisième Colloque philosophique de Royaumont, « L'œuvre et la pensée de Husserl » [23-30 avril 1957], publié dans *Husserl*, « Cahiers de Royaumont », III, Paris, Minuit, 1959, p. 158).

Le premier commentaire que ces notes de cours dédient au passage proustien cité plus haut considère quant à lui, au contraire, les deux hypothèses qui y sont indiquées : « Soit que la foi qui crée soit tarie en moi, soit que la réalité ne se forme que dans la mémoire ». Merleau-Ponty tend alors à mettre principalement en évidence la fonction qui est occupée par le langage dans ce « développement » par lequel la chair devient essence : « Le passé est perdu, — mais étrange résurrection par le moyen de la parole »[1], laquelle — expliquait-il quelques phrases avant — « vient ranimer et recommencer ce prodige [*i.e.* : du sensible] en touchant en moi ce que je croyais le plus caché et qui se révèle participable et en cette mesure "idée" »[2].

De telles considérations tendent à rappeler les réflexions sur l'implication réciproque entre le *logos endiáthetos* et le *logos prophorikós* que Merleau-Ponty évoque dans quelques notes de travail du *Visible et l'invisible*, comme celle où il fait justement une allusion à l'opération créatrice évoquée par Proust dans le passage qu'on vient de rappeler. La note en question, datée de janvier 1959, souligne en effet que le monde de l'expérience sensible, conçu ontologiquement comme être brut ou sauvage, alimente sa propre expression en tant qu'il « apparaît comme contenant tout ce qui sera jamais dit, et nous laissant pourtant à le créer (Proust) : c'est le λόγος ἐνδιάθετος qui appelle le λόγος προφορικός —»[3].

Mais, dans cette dernière phase de la pensée de Merleau-Ponty, les fonctions de sédimentation et d'idéation ne sont pas considérées comme un privilège exclusif du langage, ni même d'un logos proféré. En adhérant donc au schéma du passage proustien que nous sommes en train de considérer, les notes de cours en assument les deux possibilités : « Que ce soit par le corps et la mémoire ou par la parole,

1. M. Merleau-Ponty, *Notes de cours 1959-1961, op. cit.*, p. 197.
2. *Ibid.*
3. M. Merleau-Ponty, *Le visible et l'invisible, op. cit.*, p. 223-224.

le Temps en tout cas devient autre chose que succession : pyramide de "simultanéité" » [1].

La première de ces possibilités indique le rôle crucial de la mémoire dans le devenir « essence » de la « chair », ou bien – dans les termes auxquels je les ai déjà liés entre eux auparavant – dans le devenir transcendantal de l'empirique. Voilà « la mémoire vraie » [2] : c'est ainsi qu'elle est désignée par Merleau-Ponty dans le résumé du cours donné au Collège de France en 1954-55, où elle est placée en-deçà de l'opposition entre réminiscence et oubli, autant que de l'« alternative entre conservation et construction » [3]. C'est donc dans la mémoire ainsi configurée que, selon l'hypothèse du Narrateur proustien, « la réalité se forme », ou – pour le dire en d'autres termes – que la réalité, en opérant dans l'indistinction entre activité et passivité, *se transforme* en son propre transcendantal, tout comme les aubépines de Méséglise en « *vraies* aubépines ». De toute évidence, il s'agit de la mémoire que Proust qualifie d'*involontaire*, laquelle – d'après l'interprétation que Merleau-Ponty semble en donner – sédimente dans notre corps, en les configurant comme des *idées sensibles*, certaines expériences surgies à l'intérieur de notre relation opérante avec le monde. Sur la base de ce que cette interprétation nous a suggéré, cette mémoire se révèle non pas opposition mais *chiasme* entre réminiscence et oubli, non pas alternative mais *chiasme* entre conservation et construction, puisqu'à l'intérieur d'elle, nous l'avons vu, « passé et présent sont *Ineinander*, chacun enveloppé-enveloppant » [4]. En tant que telle, elle nous défend donc de concevoir l'initiation en tant que *commencement* métaphysique et ponctuel.

---

1. M. Merleau-Ponty, *Notes de cours 1959-1961, op. cit.*, p. 197.
2. M. Merleau-Ponty, *Résumés de cours, op. cit.*, p. 72.
3. *Ibid.*
4. M. Merleau-Ponty, *Le visible et l'invisible, op. cit.*, p. 321.

troisième chapitre
déformation et reconnaissance
Proust dans le « renversement du platonisme »

les aventures de la déformation

La notion d'*eidos* (diversement traduite par « idée », « essence » ou
« forme ») peut, par certains côtés, être légitimement considérée
comme la *plus fondamentale* de la pensée philosophique, s'il est vrai
que – comme l'a soutenu Alfred North Whitehead – l'histoire entière
de la philosophie occidentale n'est rien d'autre que celle des commentaires de la pensée de Platon et que, par ailleurs, le chiffre le plus
caractéristique de cette pensée est à son tour contenu précisément
dans sa théorie des idées, c'est-à-dire dans sa conception des εἴδη,
terme qui est justement le pluriel d'εἶδος. Comme l'écrit en effet
Ernst Cassirer dans son texte consacré à cette notion[1], « l'originalité
et la profondeur de la philosophie platonicienne en général consiste à
élever pour la première fois la considération philosophique de la
sphère de l'"être" simple vers celle de la "forme" »[2] : vers la sphère
de l'εἶδος, en somme.

---

1. E. Cassirer, *Eidos und Eidolon. Das Problem des Schönen und der Kunst in Platons Dialogen*,
« Vorträge der Bibliothek Warburg », II, 1922-23, Teil I, Leipzig-Berlin, Teubner, 1924,
p. 1-27, trad. fr. par C. Berner, « *Eidos et eidolon. Le problème du beau et de l'art dans les
dialogues de Platon* » dans *Écrits sur l'art*, édition et postface par F. Capeillères, Paris, Cerf,
1995, p. 27-52.
2. E. Cassirer, *Eidos et eidolon*, éd. cit., p. 31. Cassirer explique en effet peu après : « La
philosophie présocratique elle aussi s'efforçait de saisir l'être comme unité de la forme,

Si donc, pour ces raisons, la notion d'*eidos* peut être considérée, au moins par certains côtés, comme la « plus fondamentale » de la pensée philosophique, quels sont les motifs supplémentaires pour lesquels elle pourrait faire valoir une centralité particulière en ce qui concerne le domaine spécifique de l'esthétique ? Pour répondre à cette question, on peut s'aider d'une phrase de celui qui est considéré désormais comme le plus grand peintre de langue anglaise du XXᵉ siècle, Francis Bacon. Celui-ci, à propos de son tableau intitulé *Jet d'eau* (1988), a déclaré à David Sylvester : « Ce que je voudrais que soient ces choses, c'est une *essence*, pour ainsi dire, de paysage et une *essence* d'eau »[1].

Pourquoi cette phrase, qui sonne si innocemment, devrait-elle jamais éclairer les motifs qui lient de manière particulière la notion d'*eidos* au territoire de l'esthétique ? Parce qu'elle suggère que l'œuvre d'art est le domaine privilégié qui présente *l'essence* même de la réalité, qui, en somme, nous en donne l'*idée*.

On sait que Platon se servait au contraire de l'équivalent grec de ces termes − à savoir des deux termes proches *eidos* et *idea* − pour désigner le « monde intelligible » qu'il concevait comme « vrai » et opposait au « visible », jetant ainsi une lourde hypothèque sur la possibilité pour l'art − qui est justement tourné vers le visible − d'accéder au monde des idées. Si donc, selon Bacon, l'art peut offrir un accès privilégié à l'essence des choses, c'est précisément au nom de ces mêmes essences que Platon bannissait l'art et la poésie

---

comme dominé par une loi formelle universelle − mais elle est incapable d'énoncer cette loi autrement qu'en lui conférant pour ainsi dire toujours à nouveau la couleur de l'être. Ainsi la philosophie ionienne de la nature pose l'origine de l'être dans un étant singulier concret − qu'on l'appelle eau, air ou feu. [...] Ce n'est que chez Platon qu'une telle schématisation sensible du concept pur de l'être est définitivement dépassée » (*Ibid.*).

1. *Cf.* D. Sylvester, *The Brutality of Fact. Interviews with Francis Bacon*, London, Thames & Hudson, 1987³, trad. fr. par M. Leiris, M. Peppiatt, F. Gaillard, P. Sylvester, *Entretiens avec Francis Bacon*, Genève, Skira, 1996, p. 178.

mimétique de la *République* idéale. Pourtant – et c'est ainsi que se complète la réponse à la question du lien spécifique entre la notion platonicienne d'*eidos* et le domaine de l'esthétique – malgré la condamnation de l'art prononcée par Platon au nom de la théorie des idées (ou des essences), aucune autre théorie – suggère encore Cassirer – n'a exercé sur l'art et sur la réflexion philosophique sur l'art (réflexion définie comme *esthétique* à l'époque moderne) une influence aussi forte et aussi durable, comme l'atteste du reste la même phrase de Bacon, qui emploie précisément le terme *essence*. Voici les mots de Cassirer : « Où que l'on ait, au cours des siècles, recherché une *théorie* de l'art et du beau – le regard revenait toujours, comme par contrainte intellectuelle, au concept et au terme d'"Idée" » [1].

La fascination produite par la notion platonicienne d'*eidos* a par ailleurs historiquement investi, poursuit Cassirer, « non seulement les théoriciens de l'art, mais les grands artistes eux-mêmes » [2]. Au XXᵉ siècle, toutefois, les aventures que la notion d'*eidos* a vécues dans les territoires de l'art, mais aussi dans ceux de la littérature – les aventures de la « forme » – semblent plutôt être devenues, de manière toujours plus explicite et insistante, les aventures de la *déformation*. Et en effet, le « manifeste technique » des peintres futuristes, daté du 11 avril 1910, souligne tout de suite que « étant donnée la persistance de l'image dans la rétine, les objets en mouvement se multiplient, *se déforment* en se poursuivant, comme des vibrations précipitées, dans l'espace qu'ils parcourent » [3]. Quelques années plus tard, Georges Braque résume : « les sens

1. E. Cassirer, *Eidos et eidolon*, éd. cit., p. 29.
2. *Ibid.*
3. U. Boccioni, C. D. Carrà, L. Russolo, G. Balla, G. Severini, *Manifeste des peintres futuristes*, dans G. Lista, *Le futurisme. Manifestes proclamations documents*, Lausanne, L'Age d'Homme, 1973, p. 163 ; je souligne.

déforment, l'esprit forme » [1]. Et c'est encore précisément Francis Bacon qui caractérise la peinture de Pablo Picasso – et implicitement aussi la sienne – en termes de « *forme organique qui se rapporte à l'image humaine mais en est une complète distorsion* » [2]. Et c'est enfin Paul Klee qui se propose, dans la conférence intitulée de manière significative *Sur l'art moderne*, « de montrer comment l'artiste en arrive souvent à une "déformation" [*Deformation*] apparemment arbitraire des réalités naturelles » [3]. La liste peut à l'évidence être poursuivie longtemps [4]. Pour la terminer, voici, hors du domaine de la peinture, Michel Butor qualifiant d'« exercices de déformation » non seulement sa propre œuvre [5], mais absolument toute la littérature

1. G. Braque, *Pensées et réflexions sur la peinture*, « Nord-Sud », décembre 1917, cité dans M. Carrà (documentation par), *Tout l'œuvre peint de Braque 1908-1929*, trad. fr. par S. Darses, Paris, Flammarion, 1973, p. 13.

2. *Cf.* D. Sylvester, *The Brutality of Fact*, *op. cit.*, cité et souligné par M. Kundera, « Le geste brutal du peintre », présentation de F. Bacon, *Portraits et autoportraits*, Paris, Les Belles Lettres, 1996, p. 9. Pour un traitement philosophique du thème de la déformation et, plus généralement, de l'œuvre picturale de Bacon, *cf.* G. Deleuze, *Francis Bacon. Logique de la sensation*, Paris, La Différence, 1981, rééd., Paris, Seuil, 2002. A propos de la même thématique, qu'il me soit permis de renvoyer au chapitre intitulé « Tracce di non » dans mon livre *Di alcuni motivi in Marcel Proust*, *op. cit.*, p. 77 *sq.*

3. P. Klee, *Über die moderne Kunst*, Bern, Benteli, 1945, trad. fr. par P.-H. Gonthier, *Théorie de l'art moderne*, Paris, 1998, p. 28.

4. En des termes analogues, M. Duchamp parle de son propre travail dans les années qui précèdent immédiatement son arrivée en Amérique en 1915. *Cf.* M. Duchamp, « The Great Trouble with Art in this Country », *The Bulletin of the Museum of Modern Art*, vol. XIII, n. 4-5, New York, 1945, p. 19-21, trad. fr. par M. Sanouillet, dans M. Duchamp, *Duchamp du signe. Écrits*, réunis et présentés par M. Sanouillet, Paris, Flammarion, 1975, ici p. 170. Pour Matisse, par contre, c'est Leo Stein qui parle de « déformations voulues [*forced deformations*] », comme le rappelle Jack D. Flam dans son essai consacré à « Matisse and the Fauves » dans le catalogue édité par W. Rubin, « *Primitivism* » *in 20th Century Art : Affinity of the Tribal and the Modern*, New York, The Museum of Modern Art, 1984, 2 vol., I, p. 223.

5. *Cf.* M. Butor, « In forma di introduzione », dans *6 saggi e 6 risposte su Proust e sul romanzo* [*Répertoire I-IV*, 1960-74], trad. it. par C. Ghirlandi, E. Chierici, Parma-Lucca, Pratiche, 1977, p. 9.

et l'art du XXe siècle [1], y compris la structure musicale de la « variation perpétuelle » [2].

La relation que ces exercices de déformation théorisés et pratiqués par l'art et la littérature du XXe siècle – parfois, comme dans le cas de Bacon, précisément au nom de l'« essence des choses » – entretient avec la notion platonicienne de « forme » demande dès lors à être évaluée attentivement.

En peinture, on peut considérer que ces exercices de déformation sont inaugurés par l'œuvre de Cézanne, chez qui l'incompréhension de ses contemporains a en effet fait surgir « le doute » – auquel fait allusion le titre d'un célèbre essai de Maurice Merleau-Ponty [3] – que son art serait dû simplement à un défaut de la vue. En réalité, le terme même de « déformation » peut efficacement résumer les caractères de la « modernité » que Cézanne recherchait par ailleurs aussi chez les « classiques » qu'il étudiait habituellement dans les musées, caractères qui vont du « non fini » à la Michel-Ange au dessin académiquement « mal fait », destiné à devenir l'un des éléments propres d'une grande partie de la peinture du XXe siècle [4].

---

1. Cf. *Ibid.*, p. 8. A ce propos, pour le domaine littéraire, il suffit pour le moment de rappeler l'exemple de Franz Kafka, dont traite G. Scaramuzza (cf. *Deformazioni incrociate*, Milano, CUEM, 2002), qui se focalise en particulier sur le « lien entre déformations et oubli » expliquant qu'il « n'est pas seulement présent dans le monde des images de Kafka, dans ses figures et situations typiques, mais peut être également relevé dans les modalités de son écriture (surtout liées au "déclin" de la narration) » (*Ibid.*, p. I).

2. *Cf.* M. Butor, « In forma di introduzione », dans *6 saggi e 6 risposte su Proust e sul romanzo*, *op. cit.*, p. 7.

3. M. Merleau-Ponty, « Le doute de Cézanne » [1945], dans *Sens et non-sens*, *op. cit.*, p. 15-44. A propos des déformations picturales, *cf.* en particulier les p. 21-25. Le nom de Cézanne est également associé par Merleau-Ponty aux déformations dans les notes rassemblées dans les *Notes de cours 1959-1961*, *op. cit.*, p. 51.

4. Je dois ces considérations ainsi que celles qui suivent à la conférence d'Antonello Negri intitulée précisément *Cézanne : le « classique moderne » (I et II)*, tenue à l'Université degli Studi de Milan les 12 et 26 octobre 1998 dans le cadre du séminaire interuniversitaire interdisciplinaire sur « Le Cézanne des écrivains, des poètes et des philosophes ».

Il faut aussi rappeler comment dans la déformation, toujours davantage pratiquée dans ses œuvres – dans la torsion et l'allongement anti-réaliste des corps, par exemple – on a pu reconnaître l'intention (poursuivie par beaucoup de peintres du XXe siècle) d'exprimer, dans son immédiateté, notre rencontre sensible-affective avec le monde toujours recommencée[1].

Par ailleurs, ceux qui s'opposaient aux lignes de recherche tracées par la peinture de Cézanne reconnaissaient et dénonçaient la déformation pratiquée par celle-ci comme élément *anti-mimétique*, précisément en tant qu'elle ne respecte pas le prétendu réalisme du principe selon lequel l'art *imite* le visible : principe sur lequel se fondait la peinture académique et dont la formulation même indique comment il provient du platonisme.

Mais cette opposition entre déformation et imitation se révèle, à y regarder de plus près, infondée : tout l'art a été et est – par essence – *déformation*, puisqu'il répond toujours et de toute façon à un *principe de distorsion* qui sous-tend le mode même de donation des phénomènes. Dans ce sens, l'art a été et est déformation, tant en reconduisant le visible à des formules immuables (comme le faisait l'art égyptien que Platon érigeait, pour cette raison même, en norme),

---

Cf. dans les actes de ce séminaire, A. Negri, *Classico moderno (e gotico). Alle fonti dell'arte del Novecento*, in G. Cianci, E. Franzini, A. Negri (éd.), *Il Cézanne degli scrittori, dei poeti e dei filosofi*, Milano, Bocca, 2001, p. 15-19. Sur les questions plus précisément liées à la modernité et la classicité dans la peinture de Cézanne, *cf.* le chapitre intitulé « L'ombra di Merleau-Ponty : l'intenzionalità di Cézanne » de E. Franzini, *Arte e mondi possibili. Estetica e interpretazione da Leibniz a Klee*, *op. cit.*, p. 129 *sq.*

1. « On déforme précisément pour saisir la forme dans sa naissance » note Merleau-Ponty en commentant l'affirmation suivante de Paul Klee rapportée par Grohmann : « Dans l'œuvre d'art, il s'agit de la nécessité de déformer. Elle s'impose lorsqu'on pénètre dans les dimensions spécifiques de la forme. Car la renaissance de la nature s'étend jusque-là » (M. Merleau-Ponty, *Notes de cours 1959-1961*, *op. cit.*, p. 57-58 et p. 58, note 1 pour l'affirmation de Klee, qui apparaît à son tour dans W. Grohmann, *Paul Klee*, Genève-Stuttgart, Éditions des Trois Collines-W. Kohlhammer, 1954, p. 182).

qu'en prétendant corriger les déformations dues à l'immédiateté sensible-affective de notre rencontre avec le monde moyennant des déformations égales et contraires, comme dans le cas de l'Athéna de Phidias, qui pour Platon aurait donc été un emblème d'« art décadent » [1]. A son avis, en effet, dans l'un comme dans l'autre cas, « l'œuvre d'art ne peut pas pour autant prétendre à un rang plus élevé que celui de l'"image" (εἴδωλον) ; or l'image, malgré toute sa ressemblance apparente avec l'Idée, est, à bien des égards, en *contradiction* avec elle » [2].

Précisément en tant que l'opposition entre déformation et imitation se révèle dans ce sens infondée, le XXe siècle et Platon finissent alors par converger — bien que pour des motivations et des évaluations

1. Pour cet exemple comme pour le précédent, *cf.* E. Panofsky, *Idea. Contribution à l'histoire du concept de l'ancienne théorie de l'art, op. cit.*, en particulier p. 20. Dans *Eidos et eidolon* Cassirer renvoie à ce texte en expliquant qu'il « développe » le sien (*cf.* E. Cassirer, *Eidos et eidolon*, éd. cit., p. 52, note 1). Il convient de rappeler par ailleurs l'anecdote évoquée plus haut à propos du concours opposant Phidias et Alcamène, pour la statue d'Athéna, anecdote que Gombrich suggère de considérer comme un exorde emblématique des aventures artistiques de la déformation : « Les Athéniens, qui se proposaient de consacrer à la déesse Minerve une très belle statue qui serait placée au faîte d'une grande colonne, demandèrent à Phidias et à Alcamène de se mettre à l'ouvrage, pensant qu'entre les deux œuvres ils pourraient choisir la meilleure. Alcamène, qui n'avait aucune expérience de la géométrie et de l'optique, composa une déesse d'une merveilleuse beauté aux regards de ceux qui pouvaient la voir de près. Phidias, par contre…, estimant que la forme de la statue devait être complètement modifiée en raison de la hauteur de l'emplacement prévu, élargit en conséquence l'ouverture de la bouche, déplaça l'implantation du nez, et tout le reste à l'avenant. Quand, par la suite, on amena les deux statues en pleine lumière afin de les comparer, Phidias se trouva en grand danger d'être lapidé par la foule, jusqu'à ce que les deux statues fussent enfin dressées à la hauteur voulue, car on vit alors se brouiller la douceur des traits fins du modèle d'Alcamène, tandis que, par l'effet de la hauteur de l'emplacement, s'effaçaient les disparités et les choquantes déformations de l'œuvre de Phidias ; ce qui fit qu'Alcamène fut ridiculisé et Phidias tenu encore en plus grande estime » (F. Junius, *De pictura veterum, in* E. H. Gombrich, *Art and Illusion. A study in the psychology of pictorial representation*, London, Phaidon Press, 1960, 1977[5], trad. fr. par G. Durand, *L'art et l'illusion. Psychologie de la représentation picturale*, Paris, Gallimard, 1971, p. 244-245).

2. E. Panofsky, *Idea, op. cit.*, p. 19-20 ; je souligne.

opposées – alors que les deux affirment justement que l'art est *ontologiquement* déformation. Ce n'est pas par hasard que Cassirer, dans *Eidos et eidolon*, résume la motivation de la condamnation platonicienne de l'art en ces termes : « Au lieu de l'effectivité de la figure [*Gestalt*], il [*i.e.* : l'artiste] ne nous présente que son image apparente [*Scheinbild*], entachée de toutes sortes de déplacements, de raccourcis et de déformations [*Verzerrung*] » [1].

A ce propos, Cassirer fait référence en particulier à un passage de la *République* et à un autre du *Sophiste* [2] : dans le premier, Platon désigne l'image ainsi caractérisée par le terme εἴδωλον, dans le second, il la précise, de façon notoire, comme φάντασμα et l'oppose à celle qui est désignée par le terme εἰκών [3]. A son avis, en effet, l'εἰκών – « puisqu'il est fidèlement copié sur l'objet [εἰκός γε ὄν] » [4] – caractérise « l'art [τέχνη] » qu'on obtient « quand [...] on emprunte au modèle [παραδείγματος] ses rapports exacts [συμμετρίας] de longueur, largeur et profondeur, et revêt en outre chaque partie des couleurs qui lui conviennent » [5]. Au contraire, comme Phidias dans l'anecdote citée auparavant, « les artistes contemporains » – juge

---

1. E. Cassirer, *Eidos und Eidolon. Das Problem des Schönen und der Kunst in Platons Dialogen*, op. cit., p. 19-20, trad. fr. dans *Écrits sur l'art, op. cit.*, p. 44.

2. Cf. *République*, 605 c ; *Sophiste*, 233 e sq. Sur les rapports qui lient ces passages, Cassirer avait déjà insisté précédemment (*cf.* E. Cassirer, *Eidos et eidolon*, éd. cit., p. 39).

3. Sur le sens général des notions d'εἴδωλον et d'εἰκών dans la culture grecque, *cf.* du moins l'intervention de K. Kerényi, « Ἄγαλμα, εἰκών, εἴδωλον », trad. it. par O. M. Nobile, *Archivio di Filosofia*, 1962, spécialement p. 168-170. Il convient de signaler que la reconstruction de Kerényi intègre par certains côtés la caractérisation des notions d'εἴδωλον et d'εἰκών que nous allons voir Deleuze tirer de Platon, alors qu'il s'en éloigne par d'autres côtés.

4. Platon, *Sophiste*, 236 a, trad. fr. par A. Diès, Paris, Les Belles Lettres, 1969, p. 334.

5. Platon, *Sophiste*, 235 d-e, trad. fr. cit., p. 333. Pour une lecture du *Sophiste* centrée sur ces termes, *cf.* tout d'abord S. Rosen, *Plato's "Sophist" : the drama of original and image*, New Haven and London, Yale University Press, 1983, mais aussi, pour l'horizon problématique tracé ici, M. Villela-Petit, « La question de l'image artistique dans le *Sophiste* », dans P Aubenque (dir.), *Etudes sur le* Sophiste *de Platon*, Roma, Bibliopolis, 1991, p. 55-90.

Platon – élaborent des images qui ne cherchent pas la ressemblance au modèle[1], mais seulement une « apparence [φάντασμα] »[2] de ressemblance : ils produisent en somme ces εἴδωλα qui étaient déjà condamnés, précisément, dans le Xe livre de la *République*.

Le châtiment que ce jugement a valu à l'art a été double, comme le suggère Cassirer[3] : non seulement d'être banni de la cité idéale, mais encore de rester de toute façon lié – avec la réflexion philosophique qui le concerne, l'esthétique – aux termes de ce jugement, sans jamais cesser de se mesurer à ces termes, et réussissant tout au plus à proposer ce que Heidegger – en analysant l'opération entreprise, à son tour, par Nietzsche à l'égard du platonisme – définissait comme « renverser purement et simplement les facteurs à l'intérieur du vieux schème hiérarchique »[4].

En effet, Cassirer souligne comment, prisonnier de ces entraves, « le concept de forme » propre de l'art tend à être supprimé par « le concept de forme [...] approfondi par la pensée dans la philosophie

---

1. « Est-ce que, donnant congé à la vérité, les artistes [δημιουργοὶ] maintenant [νῦν] [...] ne sacrifient pas les proportions exactes pour y substituer, dans leur figures [εἰδώλοις], les proportions qui feront illusions ? » (Platon, *Sophiste*, 236 a, trad. fr. (modifiée) cit., p. 334). A ce propos, *cf.* M. Villela-Petit, art. cit., en particulier les paragraphes intitulés « Platon et l'art de son temps » et « Le paradigme de la sculpture », p. 67-84.

2. Platon, *Sophiste*, 236 b, trad. fr. (modifiée) cit., p. 334. Soulignons par ailleurs que Panofsky fait allusion à l'importance de cette distinction entre εἰκών et εἴδωλον pour l'histoire et la théorie de l'art à l'époque moderne, dans *Idea, op. cit.*, p. 264, note 348. Pour sa référence à l'anecdote de Phidias et Alcaménès en relation avec Platon, cf. *Ibid.*, p. 21.

3. *Cf.* E. Cassirer, *Eidos et eidolon*, éd. cit., p. 29. A ce propos *cf.* aussi A. Pinotti, « Il prestigio del far vedere », *in* A. Pinotti, (a cura di), *Pittura e idea. Ricerche fenomenologiche sul cubismo*, Firenze, Alinea, 1998, p. 27.

4. *Cf.* M. Heidegger, *Nietzsche*, Pfullingen, Neske, 1961, 2 t., trad. fr. par P. Klossowski, Paris, Gallimard, 1971, t. I, p. 189.

platonicienne »[1], qui juge le premier justement en termes de déformation[2].

En strict parallèle à la réflexion platonicienne sur l'art, Cassirer pose celle sur la nature, puisqu'elles concernent − explique-t-il − « les deux domaines où ne persiste aucune configuration fixe et véritable de l'être »[3] : que ce soit la nature ou l'art, ils proposent en effet des εἴδωλα plutôt que des εἴδη, des « images déformées » en lieu et place de « formes ».

Gilles Deleuze aussi fait référence à la notion d'εἴδωλον telle qu'on la trouve formulée dans les passages du *Sophiste* rappelés ci-dessus, rendant φάντασμα par « simulacre » et soulignant comment il s'avère possible de qualifier l'effet de ressemblance avec le modèle que celui-ci produit en termes d'illusion, là où εἰκών ressemble au contraire « de l'intérieur »[4]. C'est en particulier dans l'essai intitulé précisément *Simulacre et philosophie antique*[5] que Deleuze délimite, de manière analogue à Cassirer, une constellation problématique qui, partant de la considération de la démarche platonicienne, relie la réflexion sur l'art à celle sur la nature et confronte les deux avec la pensée de l'essence (c'est-à-dire de l'« idée », de la « forme »),

1. *Cf.* E. Cassirer, *Eidos et eidolon*, éd. cit., p. 30.
2. Faisant une référence implicite précisément au passage du *Sophiste* cité *supra*, p. 89, note 1, Erwin Panofsky explique à son tour, à propos de la « construction perspective » opérée par l'art, que « Platon la condamnait déjà, lors de ses modestes débuts, parce que, selon ses dires, elle déformait [*verzerre*] les ˝veritables dimensions˝ des choses » (E. Panofsky, *Die Perspektive als « symbolische Form »*, « Vorträge der Bibliothek Warburg », hrg. von F. Saxl, Vorträge 1924-1925, Leipzig-Berlin, Teubner, 1927, trad. fr. (modifiée) sous la direction de G. Ballange dans *La perspective comme forme symbolique et autres essais*, précédés de *La question de la perspective*, par M. Dalai Emiliani, Paris, Minuit, 1975, p. 179).
3. E. Cassirer, *Eidos et eidolon*, éd. cit., p. 34.
4. *Cf.* G. Deleuze, *Différence et répétition*, *op. cit.*, p. 165 *sq.* « Si [le simulacre] produit un effet extérieur de ressemblance, c'est comme illusion et non comme principe interne » (*Ibid.*, p. 167).
5. *Cf.* G. Deleuze, *Logique du sens*, *op. cit.*, en particulier p. 295-296.

mettant particulièrement en relief à cet égard le fait que « les produits de la Nature ne sont pas séparables d'une diversité qui leur est essentielle » [1]. Il s'agit, remarquons-le, de la même constellation que nous avons vu assemblée par Merleau-Ponty dans le premier chapitre.

mais quel « renversement du platonisme » ?

Tant l'essai de Deleuze que la conférence de Cassirer rappellent donc comment Platon avait vu dans l'art et la nature les deux domaines dans lesquels devait s'établir la réflexion visant à penser le rapport entre l'individuel et l'universel, entre la différence et l'identité, entre l'image et l'essence : bref, entre la déformation et la forme.

A ce propos, dans son essai, Deleuze invite à considérer « les deux formules : "seul ce qui se ressemble diffère", "seules les différences se ressemblent" », expliquant qu'il « s'agit de deux lectures du monde dans la mesure où l'une nous convie à penser la différence à partir d'une similitude ou d'une identité préalables, tandis que l'autre nous invite au contraire à penser la similitude et même l'identité comme le produit d'une disparité de fond » [2].

Dans le passage de la première à la seconde de ces « lectures du monde », Deleuze tend à voir la possibilité de « renverser le platonisme » [3]. Mais ne s'agit-il pas de l'opération de « renverser purement et simplement » contre laquelle nous avons entendu Heidegger nous mettre en garde ? Comme nous l'avons vu, celle-ci consiste, pour Heidegger, à se contenter d'inverser le « vieux schème hiérarchique » [4] que le platonisme a posé entre le « sensible » et le « non-

---

1. *Ibid.*, p. 307, mais *cf.* aussi *Différence et répétition*, *op. cit.*, p. 153 *sq.*
2. G. Deleuze, *Logique du sens*, *op. cit.*, p. 302. *Cf.* aussi *Différence et répétition*, *op. cit.*, p. 153.
3. *Ibid.*
4. *Cf.* M. Heidegger, *Nietzsche*, *op. cit.*, p. 189.

sensible ». Evidemment, pour l'éviter il ne suffit pas de faire observer que ce sont les différences composant le sensible qui constituent
le « non-sensible » de la ressemblance ou même de l'identité, plutôt
que le contraire. Il ne sert à rien de situer ressemblance et identité
a posteriori dans le temps chronologique plutôt que de les fonder
a priori. Il semble au contraire plus avantageux d'admettre que la
succession se trouve *enjambée* par la simultanéité[1] et de faire
alors l'hypothèse que la ressemblance ou l'identité se produisent
simultanément à la *répétition* de notre rencontre avec les différences
qui les constituent, comme paraît le suggérer aussi Georges Didi-
Huberman en rappelant que « simultanéité » et « similitude » ont la
même racine[2]. Constituées ainsi par les différences, la ressemblance
ou l'identité restent toutefois en *excédent* par rapport à elles, de la
même façon que le tout par rapport à ses parties. Elles viennent donc
se situer dans une temporalité différente (celle qui a été définie
comme « mythique » dans le chapitre précédent et qui sera approfondie dans le dernier) et se révèlent irréductibles au geste qui élève

---

1. Dans son essai *De Mauss à Claude Lévi-Strauss*, Merleau-Ponty remarque précisément
que, même dans le temps linguistique, « la synchronie, [...], enjambe, comme le temps
légendaire ou mythique, sur la succession et sur la diachronie » (M. Merleau-Ponty,
Signes, *op. cit.*, p. 154).
2. « *Similaire* et *simultané* ont la même racine, *simul* » (G. Didi-Huberman, « Similaire et
simultané », dans *Phasmes. Essais sur l'apparition*, Paris, Minuit, 1988, p. 21). Mais à ce
propos, la précision suivante de Deleuze s'avère surtout importante : « L'essentiel est la
simultanéité, la contemporainéité, la coexistence de toutes les séries divergentes
ensemble. Il est certain que les séries sont successives, l'une "avant", l'autre "après", du
point de vue des présents qui passent dans la représentation. C'est même de ce point de vue
que la seconde est dite *ressembler* à la première. Mais il n'en est plus ainsi par rapport au
chaos qui les comprend, à l'objet = x qui les parcourt, au précurseur qui les met en
communication, au mouvement forcé qui les déborde : toujours le différenciant les fait
coexister. Nous avons rencontré plusieurs fois ce paradoxe des présents qui se succèdent,
ou des séries qui se succèdent en réalité, mais qui coexistent symboliquement par rapport
au passé pur ou à l'objet virtuel » (G. Deleuze, *Différence et répétition*, *op. cit.*, p. 162 ; je
souligne).

le sensible en *abaissant* le non-sensible : le geste dans lequel, selon Heidegger, consiste le « renversement pur et simple » de leur ancien rapport hiérarchique.

En reprenant la confrontation entre Deleuze et Merleau-Ponty autour de la pensée de l'idée sensible, il semble alors possible de soutenir que, pour l'un non moins que pour l'autre, cette idée – sans pourtant jamais s'épuiser dans le sensible de ses propres déformations – peut se donner seulement *avec* et *à travers* celles-ci, à savoir selon la modalité que précisément Merleau-Ponty, à son tour, illustrait de la manière suivante dans le dernier écrit achevé de son vivant : « Quand je vois à travers l'épaisseur de l'eau le carrelage au fond de la piscine, je ne le vois pas malgré l'eau, les reflets, je le vois justement *à travers* eux, par eux. S'il n'y avait pas ces *distorsions*, ces zébrures de soleil, si je voyais sans cette *chair* la géométrie du carrelage, c'est alors que je cesserais de le voir comme il est, où il est, à savoir : plus loin que tout lieu identique » [1].

Marc Richir attribue une importance décisive à la considération de cette « *distorsion originaire* du phénomène » [2], pour éviter de concevoir – à la manière du platonisme – l'intuition des essences (ou « idées », ou « formes ») comme une vision *frontale* en tant que *désincarnée*, c'est-à-dire comme un accès direct et immédiat à l'Être [3]. Pour éviter, en somme, de considérer la vérité comme intrinsèquement séparable de l'illusion : cette illusion qui servait à disqualifier les « images déformées », et qui s'avère au contraire être partie intégrante de la vérité précisément parce que les phénomènes se présentent à nous dans une « *distorsion originaire* » [4].

---

1. M. Merleau-Ponty, *L'œil et l'esprit*, *op. cit.*, p. 70 ; je souligne.
2. M. Richir, *op. cit.*, p. 78.
3. Sur les implications de cette dernière formulation du problème, *cf.* F. Ciaramelli, art. cit., p. 54.
4. En vertu de la « *distorsion originaire* du phénomène », explique en effet Richir, « il y a donc bien, en un sens, intuition des essences (*Wesensschau*), tout comme il y a, *indissociable*

Heidegger rappelle à son tour que Nietzsche allait déjà vers de telles conclusions, en vertu justement de sa « nouvelle interprétation du sensible », soulignant que « l'"apparence" [...] elle-même fait partie de l'essence du réel » [1] (alors que Marc Richir, de son côté, précise qu'elle « ne devient vraiment illusoire que si elle s'autonomise en elle-même, se détache du phénomène pour l'effacer » [2]). Dans cette perspective, Nietzsche avait pu écrire des mots, auxquels nous avons déjà pu faire allusion, qui, à eux seuls, suffiraient à rendre compte des aventures de la déformation au XXe siècle : « Nous ne croyons plus que la vérité reste vérité sans ses voiles ; nous avons trop vécu pour cela. Nous faisons maintenant une question de décence de ne pas vouloir tout voir nu, de ne pas assister à tout, de ne pas chercher à tout comprendre et tout "savoir" [...]. Peut-être la vérité est-elle une femme qui a ses raisons pour ne pas laisser voir ses raisons » [3].

Dans la caractérisation de l'idée sensible, la forme semble en somme devoir être pensée comme l'imprésentable que seules ses déformations peuvent présenter indirectement : pour cette raison, comme nous l'avons déjà suggéré, elle ne se donne pas *originairement*, ni *successivement*, mais *simultanément* à ses déformations, qui la constituent en tant que leur excédent.

L'essai de Deleuze auquel j'ai fait référence précédemment semble également se situer dans cette perspective. Différemment de Cassirer (et de Heidegger), nous avons vu en effet Deleuze conduire sa propre

de celle-ci, intuition des faits. Néanmoins, cette "intuition", qui n'est pas vision désincarnée, n'est ni tout simplement vraie ni tout simplement fausse (illusoire), car *l'illusion fait partie intégrante de sa vérité, tout comme la vérité fait partie intégrante de son illusion* » (M. Richir, *op. cit.*, p. 78).

1. M. Heidegger, *Nietzsche, op. cit.*, p. 192, mais à ce propos, *cf.* tout le paragraphe intitulé précisément « La nouvelle interprétation du sensible et le désaccord pathétique entre l'art et la vérité » (*Ibid.*, p. 190-199).

2. M. Richir, *op. cit.*, p. 78.

3. F. Nietzsche, *Die fröhliche Wissenschaft*, trad. fr. par A. Vialatte, *Le gai savoir*, Paris, Gallimard, 1950, p. 15.

confrontation avec la pensée de l'essence (de l'« idée », de la « forme »), focalisant son attention, non pas sur la tension entre εἶδος et εἴδωλον, mais plutôt sur celle qui oppose εἰκών et φάντασμα – et offrir dans ce sens des éléments de réflexion non réductibles à une simple inversion du « vieux schème hiérarchique » entre « sensible » et « non-sensible » – sur la base de la conviction que « renverser le platonisme signifie [...] faire monter les simulacres, affirmer leurs droits entre les icônes ou les copies »[1].

La comparaison entre les « deux lectures du monde » qu'il prend en considération se conclut donc en affirmant que « la ressemblance ne peut être pensée que comme le produit de cette différence interne »[2], qu'elle peut en somme être pensée seulement comme produit de cette partie de la « mimétique » [μιμητικῆς] »[3] que Platon condamnait au contraire dans le *Sophiste* en tant qu'elle est fondée sur les déformations du « simulacre » (φάντασμα) plutôt que sur l'adhérence de l'« icône » (εἰκών) : une ressemblance seulement apparente – non pas celle d'un produit « fidèlement copié sur l'objet » – puisque, explique Deleuze, elle « se construit sur les séries divergentes »[4], entre lesquelles « se produit une sorte de *résonance interne* »[5].

---

1. G. Deleuze, *Logique du sens*, op. cit., p. 302.
2. *Ibid.*
3. Platon, *Sophiste*, 235 d, trad. fr. cit., p. 333.
4. G. Deleuze, *Logique du sens*, op. cit., p. 303.
5. *Ibid.*, p. 301. A cet égard, *cf.* aussi G. Deleuze, *Différence et répétition*, op. cit., p. 155, ainsi que *Francis Bacon. Logique de la sensation*, op. cit., p. 75. En référence aux « expériences proustiennes », Deleuze écrit à ce propos : « Mais il s'agit aussi de deux séries, celle d'un ancien présent (Combray tel qu'il a été vécu) et celle d'un présent actuel. Sans doute, à en rester à une première dimension de l'expérience, il y a une ressemblance entre les deux séries (la madeleine, le petit déjeuner), et même une identité (la saveur comme qualité non seulement semblable, mais identique à soi dans les deux moments). Toutefois ce n'est pas là le secret. La saveur n'a de pouvoir que parce qu'elle *enveloppe* quelque chose = *x*, qui ne se définit plus par une identité : elle enveloppe Combray *tel qu'il est en soi*, fragment de passé pur, dans sa double irréductibilité au présent qu'il a été (perception) et à l'actuel présent où

La même chose se produit par ailleurs dans la peinture de Francis Bacon, pense encore Deleuze : dans ses triptyques, grâce à la « résonance » des diverses « déformations organiques » peintes sur la toile, *entre* elles s'insinue une forme qui réussit à se faire même reconnaître comme *modèle* en se « retrojetant »[1] par conséquent, en dehors de l'espace et du temps de l'œuvre, dans celui que Deleuze définit comme un « passé qui ne fut jamais présent »[2]. Mais quelque chose d'analogue semble advenir également dans le monde de la nature : ici, grâce à l'entrée en résonance d'une certaine série d'individus, une forme – l'*espèce* – se déploie, pour employer l'expression du biologiste allemand Jakob von Uexküll souvent citée par Merleau-Ponty, comme « une mélodie, une mélodie qui se chante elle-même »[3].

Que signifie alors « reconnaître » si cela arrive en vertu d'une ressemblance produite par la « résonance » de *différences* réciproques ? Dans le cinquième chapitre, je chercherai à montrer qu'on peut entendre, dans une telle question, l'écho de celles qui sont posées à Socrate par Ménon, disciple d'un sophiste, dans le dialogue platonicien qui porte son nom : comment est-il possible de rechercher ce qu'on ignore complètement et comment est-il possible de le reconnaître lorsqu'on le trouve ?

Anticipant par un autre chemin certaines des considérations que j'entends développer à cette occasion, je rappelle seulement ici les termes par lesquels Hans Georg Gadamer caractérise la « variante »

---

l'on pourrait le revoir ou le reconstituer (mémoire volontaire). Or ce Combray en soi se définit par sa propre différence essentielle [...]. Et c'est elle qui produit, en s'enveloppant, l'identité de la qualité comme la ressemblance des séries » (G. Deleuze, *Différence et répétition*, *op. cit.*, p. 160, note 1).

1. Pour ce mot, *cf.* G. Deleuze, *Logique du sens*, *op. cit.*, p. ex. p. 306.

2. Dans la suite de mon texte, je reviendrai sur la question du modèle dans l'art du XXe siècle ; en particulier, et plus longuement, dans le dernier chapitre.

3. J. von Uexküll, cité par M. Merleau-Ponty, *La Nature*, *op. cit.*, p. 228.

du concept de μίμησις élaborée par Aristote, plus proche à son avis que la variante platonicienne de la « relation mimétique originelle »[1], qui avait émergée du domaine cultuel où elle était comprise comme *expression* plutôt que comme « reproduction ». C'est précisément en discutant ce thème que Gadamer définit avant tout la reconnaissance au moyen de la formule « c'est ainsi »[2]. Cette définition est ensuite expliquée de la manière suivante : « Mais on ne comprend pas ce qu'est en son fond la reconnaissance, si l'on se borne à observer que l'on connaît de nouveau ce que l'on connaît déjà, c'est-à-dire que le connu est reconnu. La joie de reconnaître est au contraire celle d'accéder à une connaissance qui ne se réduit pas à celle du connu »[3].

Par ce chemin, Gadamer s'avance alors jusqu'à suggérer qu'à « toute connaissance d'essence »[4], le platonisme avait donné le nom de *reconnaissance*. Dans ce sens, on peut référer également à la caractérisation de la ressemblance que nous avons vue chez Deleuze la formule selon laquelle « reconnaître » signifie « accéder à une connaissance qui ne se réduit pas à celle du connu », ce qui veut dire que reconnaître signifie connaître *plus* que ce qu'on connaissait déjà, y trouvant partant une joie particulière (laquelle, par ailleurs, doit

---

1. H. G. Gadamer, *Wahrheit und Methode*, Tübingen, J.C.B. Mohr (Paul Siebeck), 1960, trad. fr. intégrale par P. Fruchon, J. Grondin et G. Merlio, *Vérité et méthode*, Paris, Seuil, 1990, p. 132.

2. *Ibid.*, p. 131.

3. *Ibid.*, p. 132.

4. « En réalité, dans la représentation artistique, est à l'œuvre une reconnaissance qui se caractérise comme véritable connaissance de l'essence et, ce qui fonde cela pour Platon, c'est qu'il comprend comme reconnaissance toute connaissance d'essence » (*Ibid.*, p. 133). Dans cette perspective, il me semble étonnant le fait que Paul Ricœur ouvre ses toutes dernières « trois études » consacrées précisément à la reconnaissance en affirmant qu'en philosophie « il n'existe pas de théorie de la reconnaissance digne de ce nom à la façon dont il existe une ou plusieurs théories de la connaissance » (P. Ricœur, *Parcours de la reconnaissance. Trois études*, Paris, Stock, 2004, p. 9).

aussi avoir contribué à la « puissante joie » qui accompagne la rencontre de Marcel avec l'essence de Combray).

Dans le cas de la caractérisation de Deleuze, en effet, la ressemblance est également liée à une connaissance de l'essence, laquelle, bien entendu, ne figure pas en tant que *primum* métaphysique, et ne s'avère donc pas non plus dégagée « de toute contingence et variabilité des circonstances qui l[a] conditionnent » [1]. Dans ce cas, la formule de Gadamer revient donc aussi à confirmer la définition de l'essence comme *excédant* « toute contingence et variabilité » de ses modes d'apparaître, mais en même temps elle confirme que ce sont précisément ces modes d'apparaître qui constituent l'essence elle-même, dont ils s'avèrent ainsi inséparables.

De l'autre côté, constater ce caractère excédant de l'essence par rapport aux manifestations qui la constituent implique d'admettre la *créativité* opérant dans la reconnaissance de l'essence elle-même, c'est-à-dire dans la mémoire qui produit cette reconnaissance. Bien entendu, cette créativité ne peut certainement pas consister en une *creatio ex nihilo*, mais doit s'exercer sur ce qu'on connaissait déjà, *même sans le savoir*. Dans ce sens, la formule de Gadamer semble pouvoir être reliée à celle par laquelle – comme nous le verrons dans cinquième chapitre – le dernier Merleau-Ponty caractérise la notion freudienne d'inconscient : « "Je ne savais pas" et "je l'ai toujours su" » [2]. Lue à travers cette dernière, la formule de Gadamer décrit

---

1. H. G. Gadamer, *Vérité et méthode*, *op. cit.*, p. 132.
2. *Cf.* M. Merleau-Ponty, *Résumés de cours*, *op. cit.*, p. 179. Si en effet, dans le « je ne savais pas » affleure « une connaissance qui ne se réduit pas à celle du connu », dans le « je l'ai toujours su », semble retentir l'exclamation « c'est ainsi ». On peut voir une variante de celle-ci dans une autre exclamation : « Et je retrouvai enfin ma mère », par laquelle, dans des pages célèbres de *La chambre claire* d'inspiration ouvertement proustienne, Roland Barthes salue la reconnaissance de l'« identité essentielle » de la mère récemment morte dans une photographie d'elle enfant, c'est-à-dire dans une photographie qui la reproduit, de manière significative, *telle qu'il ne pouvait pas l'avoir connue*. *Cf.* R. Barthes, *La chambre claire. Note sur la photographie*, Paris, Seuil, 1980, p. 105-110. Pour un commentaire de la

alors la reconnaissance comme connaissance d'une essence, idée ou forme qui – ce que nous avons observé dans le chapitre précédent le suggérait aussi – tend cependant à être retrojetée, en tant que *modèle*, dans un passé mythique.

Deleuze et le « modèle de la reconnaissance »

Telle n'est pas, toutefois, la conception de la reconnaissance prise en considération par Deleuze. On sait, en effet, que, dans *Différence et répétition*, il indique dans ce qu'il définit comme le « modèle de la récognition » [1] l'un des quatre postulats impliqués par l'« image de la pensée » qu'à son avis la philosophie utilise en tant que son propre présupposé implicite, et qu'elle déduit du « sens commun » [2]. Aux deux postulats qui consistent dans l'hypothèse « d'une *bonne volonté du penseur* et d'une *nature droite de la pensée* » [3] – dont le premier, comme l'on a vu, se trouve mis en question, selon Deleuze, dès le début de la *Recherche* – deux autres doivent être en effet ajoutés, à son avis. Il s'agit des postulats qui concernent la *méthode* qui pourrait garantir justement la nature droite de la pensée : Deleuze les désigne comme « le modèle de la récognition » et « la forme de la représentation » [4].

La récognition constituerait donc le *modèle* de la pensée naturelle et préphilosophique impliqué par l'« image de la pensée » que la philosophie assume comme son propre présupposé implicite. Ce modèle se caractériserait comme « transcendantal » [5]. « La récognition –

---

caractérisation du souvenir donnée dans ce livre par rapport à celle de Husserl et de Proust, *cf.* R. Bernet, *La vie du sujet, op. cit.*, p. 259-265.

1. G. Deleuze, *Différence et répétition, op. cit.*, p. 174.
2. *Ibid.*, p. 172 et 173.
3. *Ibid.*, p. 171.
4. *Ibid.*, p. 175.
5. *Ibid.*

explique en effet Deleuze — se définit par l'exercice concordant de toutes les facultés sur un objet supposé le même : c'est le même objet qui peut être vu, touché, rappelé, imaginé, conçu... » [1]. Dans ce sens, il peut poursuivre en confirmant que la récognition — en ce qui concerne justement son propre *objet* — s'« oriente sur la forme du Même » [2], laquelle est la forme de la représentation en tant que cette dernière se définit sur la base d'un « rapport intrinsèque au modèle ou fondement » [3].

D'un autre côté — celui qui concerne le *sujet* de la récognition — le modèle en question, poursuit Deleuze, « réclame donc un principe subjectif de la collaboration des facultés pour "tout le monde", c'est-à-dire un sens commun comme *concordia facultatum* » [4]. C'est ce principe qu'il reconnaît tant dans le *Cogito* cartésien [5] que dans le Je pense kantien, en prenant soin de préciser cependant que, dans ce dernier cas, le modèle de la récognition peut varier sur la base de la faculté (entendement, raison ou imagination) qui fournit le modèle lui-même, comme le précise Kant dans ses trois *Critiques*. Ainsi, pour ce qui concerne la *Critique du jugement* — mis à part l'unique exception de l'imagination dans le jugement sur le sublime [6] — « les facultés accèdent à un libre accord dans un sens commun proprement esthétique » [7], argumente Deleuze, ce qui, pense-t-il, confirme précisément le paradigme du sens commun en tant que *concordia facultatum* ainsi que le modèle de la récognition qui lui est lié.

Par ailleurs, à son avis, ce paradigme et ce modèle sont repérables aussi dans la conception de la « sensibilité comme synthèse

1. *Ibid.*, p. 174.
2. *Ibid.*, p. 175.
3. G. Deleuze, *Logique du sens, op. cit.*, p. 299.
4. G. Deleuze, *Différence et répétition, op. cit.*, p. 174.
5. Cf. *Ibid.*
6. Cf. *Ibid.*, p. 187, note 1.
7. *Ibid.*, p. 178.

passive » [1] – c'est-à-dire comme corrélation originaire entre le corps en tant que sentant et le monde en tant que sensible – qui a été élaborée par la phénoménologie. A ce propos, il renvoie aux pages de la *Phénoménologie de la perception* dans lesquelles Merleau-Ponty explique que « l'unité et l'identité du phénomène tactile ne se réalisent pas par une synthèse de récognition dans le concept, elles sont fondées sur l'unité et l'identité du corps comme ensemble synergique » [2]. C'est déjà à cet égard, disais-je, qu'émerge la critique deleuzienne de la conception phénoménologique de la corporéité, qui reviendra aussi dans des textes très postérieurs comme le volume sur la peinture de Francis Bacon [3]. On peut alors en profiter pour observer que si, dans ce dernier texte, cette critique est argumentée par l'impossibilité phénoménologique à rendre compte de la « différence de niveau » caractéristique de la sensation, c'est précisément dans la page de la *Phénoménologie de la perception* à laquelle renvoie Deleuze dans *Différence et répétition* que Merleau-Ponty écrit que « grâce à cette unité du corps, les perceptions tactiles obtenues par un organe sont d'emblée traduites dans le langage des autres organes » [4] : il ne semble donc pas que l'on ait à faire ici à une conception de l'unité du corps qui ignore ses différenciations internes, dans ce cas sensorielles.

Mais il s'avère encore plus intéressant de revenir à ce que nous avons relevé dans *Différence et répétition* à propos de la *Critique du jugement*, où Deleuze voit la persistance substantielle du paradigme du sens

1. *Ibid.*, p. 179.
2. M. Merleau-Ponty, *Phénoménologie de la perception*, op. cit., p. 366.
3. *Cf.* G. Deleuze, *Francis Bacon. Logique de la sensation*, op. cit., en particulier le chapitre intitulé « Peinture et sensation », p. 39-46. J'ai discuté cette critique telle qu'elle est proposée dans ce dernier texte dans mon article intitulé « Il Cézanne dei filosofi francesi : da Merleau-Ponty a Deleuze », *in* G. Cianci, E. Franzini, A. Negri (a cura di), *Il Cézanne degli scrittori, dei poeti e dei filosofi*, op. cit., p. 243-262, auquel je me permets ici de renvoyer.
4. M. Merleau-Ponty, *Phénoménologie de la perception*, op. cit., p. 366.

commun en tant que *concordia facultatum* et celle du modèle de la récognition qui lui est lié. On signalera alors que dans l'article intitulé *Sur quatre formules poétiques qui pourraient résumer la philosophie kantienne*, publié pour la première fois en 1986 et puis dans *Critique et clinique* [1], Deleuze semble réviser son évaluation précédente en étendant à toute la troisième *Critique* kantienne ce qu'il avait admis dans *Différence et répétition* pour le seul cas de l'imagination dans le sublime. Les paroles d'Arthur Rimbaud dans la *Lettre du voyant*, et dans son incunable qu'est la lettre *A Georges Izambard*, lui paraissent donc résumer l'inspiration de la *Critique du jugement* : « Arriver à l'inconnu par le dérèglement de *tous les sens*…, un long, immense et raisonné *dérèglement de tous les sens* » [2]. « Ou plutôt un exercice déréglé de toutes les facultés » [3], poursuit Deleuze, qui compare un peu plus loin les facultés qui entretiennent un tel rapport à « des lutteurs » [4] : c'est la même comparaison qu'il emploie pour indiquer comment l'accouplement entre sensations diverses est décrit de manière analogue par Proust et par Bacon dans le livre consacré à ce dernier [5].

Mais revenons aux facultés de la *Critique du jugement* de Kant que, dans *Différence et repetition*, Deleuze voit collaborer au modèle de récognition. Semblables à des lutteurs, écrit Deleuze vingt-et-un ans plus tard, elles « s'étreignent au plus profond de leur distance. C'est une lutte terrible entre l'imagination et la raison, mais aussi l'entendement, le sens intime, lutte dont les épisodes seront les deux formes du Sublime, puis le Génie. Tempête à l'intérieur d'un gouffre ouvert dans le sujet. […] Mais maintenant, dans un exercice aux

---

1. *Cf.* G. Deleuze, *Critique et clinique*, Paris, Minuit, 1993, p. 40-49.
2. A. Rimbaud, respectivement *A Georges Izambard* et *Lettre du voyant*, dans *Œuvres-opere*, *op. cit.*, p. 334 et p. 142, citées par G. Deleuze, *Critique et clinique*, *op. cit.*, p. 47.
3. *Ibid.*
4. *Ibid.*, p. 48.
5. Cf. G. Deleuze, *Francis Bacon. Logique de la sensation*, *op. cit.*, p. 65-71.

limites, les diverses facultés se donnent mutuellement les harmoniques les plus éloignées les unes des autres, si bien qu'elles forment des accords essentiellement dissonants. L'émancipation de la dissonance, l'accord discordant, c'est la grande découverte de la *Critique du jugement*, le dernier renversement kantien. [...] Un exercice déréglé de toutes les facultés, qui va définir la philosophie future, comme pour Rimbaud le dérèglement de tous les sens devait définir la poésie de l'avenir » [1].

A ce point de notre parcours, il est inévitable d'ajouter un élément supplémentaire de perplexité par rapport à la caractérisation du modèle de la récognition proposée par *Différence et répétition*. Rappelant la critique adressée par Deleuze à la conception phénoménologique de l'unité corporelle, il convient de signaler que la même phrase de Rimbaud citée par lui – « un long, immense et raisonné *dérèglement* de *tous les sens* » – est l'objet, dans les notes préparées par Merleau-Ponty pour son dernier cours, d'une glose dont l'intention paraît suffisamment claire en soi : « Il ne s'agit pas de ne plus penser – le dérèglement des sens est [de] rompre les cloisons entre eux pour retrouver leur indivision – Et par là, une *pensée non mienne mais leur* » [2].

A mon avis, il s'agit d'une intention qui s'accorde profondément avec celle qui pousse Deleuze à affirmer, dans *Différence et répétition*, que la récognition « ne peut être un modèle pour ce que signifie penser » [3] puisque, sur la base de ce modèle, « la pensée n'y est remplie que d'une image d'*elle-même*, où elle se reconnaît d'autant mieux qu'elle reconnaît les choses » [4]. Mais Deleuze se limite à une caractérisation de la reconnaissance que nous pourrions définir comme *tautologique*,

1. G. Deleuze, *Critique et clinique*, op. cit., p. 49.
2. M. Merleau-Ponty, *Notes de cours 1959-1961*, op. cit., p. 186 ; je souligne.
3. G. Deleuze, *Différence et répétition*, op. cit., p. 176.
4. *Ibid.*, p. 181 ; je souligne.

sur la base de laquelle elle tendrait à reproduire et à réaffirmer non seulement les connaissances déjà acquises, mais, ensemble avec elles, inévitablement aussi les « valeurs sur l'objet »[1] lorsque celui-ci devient objet de la connaissance : ces valeurs finissent donc par rester des « valeurs établies ». Au contraire, réplique Deleuze, « le propre du nouveau, c'est-à-dire la différence, est de solliciter dans la pensée des forces qui ne sont pas celles de la récognition, ni aujourd'hui ni demain, des puissances d'un tout autre modèle, dans une *terra incognita* jamais reconnue ni reconnaissable »[2].

Mais cette opposition du « nouveau » et du « même » s'avère difficile à soutenir pour qui a tenté de penser *ensemble* la différence et la répétition. Plus que la conception de la reconnaissance défendue par Deleuze, c'est plutôt celle proposée par Gadamer qui semble par conséquent cohérente avec une telle tentative : reconnaître comme connaître *plus* que ce qu'on connaissait déjà. Une conception à décliner à son tour selon la double formule de l'inconscient freudien évoquée par Merleau-Ponty : « "Je ne savais pas" et "je l'ai toujours su" ». Plutôt que de s'opposer artificiellement à la notion deleuzienne de rencontre rappelée dans l'« Introduction » du présent ouvrage, la définition de Gadamer se réfère en fait précisément à une expérience telle que celle qui est décrite par Proust dans les pages que j'ai commentées à cette occasion, où la rencontre avec quelque chose qui force à penser pousse le Narrateur à reconnaître, justement au sens de connaître plus que ce qu'il connaissait déjà.

Il s'agit du reste d'un paradoxe seulement apparent de l'art et de la littérature du XXe siècle : par leur attention pour les vertus d'une ressemblance obtenue par des exercices ininterrompus de déformation, ils n'ont au fond cherché qu'explorer le mystère de *cette* reconnaissance.

---

1. *Ibid.*, p. 177.
2. *Ibid.*

Quant à la ressemblance qui semble s'avérer liée à cette dernière, Deleuze précisément – qui dans son livre sur Bacon interprète la peinture de ce dernier comme prolongement de l'entreprise initiée au XXe siècle par Cézanne – attribue aux deux peintres l'intention d'obtenir justement une ressemblance qui « apparaît brusquement comme le résultat de tout autres rapports que ceux qu'elle est chargée de reproduire : la ressemblance surgit alors comme le produit brutal de moyens non ressemblants »[1]. Et il est très significatif de relever la manière dont cette définition est un décalque de celle qu'il rapportait, quatorze ans avant, à la ressemblance obtenue par l'εἴδωλον platonicien compris comme φάντασμα : ressemblance produite « par des moyens tout différents de ceux qui sont à l'œuvre dans le modèle »[2]. Si l'*eidolon* ainsi compris peut bien être rendu en termes de *déformation* pour chercher du moins à faire résonner le lien linguistique par lequel Platon le lie à l'*eidos*[3], il faut alors ajouter qu'il s'agit là d'une déformation sans *forme* préliminaire, à savoir d'une *déformation sans précédent*[4]. Si en effet tout l'art est, comme nous le disions, par essence *déformation*, la particularité de la déformation

1. G. Deleuze, *Francis Bacon. Logique de la sensation*, op. cit., p. 108-109.
2. G. Deleuze, *Logique du sens*, *op. cit.*, p. 297.
3. Comme le souligne en effet Cassirer, « c'est un témoignage de l'extrême *puissance linguistique* de Platon que d'avoir réussi, ici avec une unique variation, une légère coloration de l'expression, à fixer une différence de signification qui n'a pas chez lui son pareil en précision et en prégnance » (E. Cassirer, *Eidos ed eidolon*, éd. cit., p. 30).
4. Il est évident comme, à son tour, la « forme » se comprend alors comme « formation ». A ce propos, on sait que Goethe opposait à la notion de *Gestalt*, qui désigne la forme en tant qu'elle « s'abstrait de ce qui est mobile », celle de *Bildung* afin d'indiquer précisément la *formation* dans sa dynamicité, mais également dans son orientation vers son propre accomplissement. Sur les questions historiques et théoriques liées à cela, *cf.* R. Pettoello, « Introduzione » à E. Cassirer, *Goethe e il mondo storico*, Brescia, Morcelliana, 1995, p. 7-44, ainsi que M. Mazzocut-Mis, « Introduzione » à *Deformazioni fantastiche*, Milano, Mimesis, 1999, p. 9-16. Il faut également souligner la manière dont, au XXe siècle, avec Paul Klee, on a commencé à parler de *Gestaltung*, c'est-à-dire de formation qui se meut cependant sur le chemin (*Weg*) infini de l'inachèvement.

qui caractérise la recherche artistique-littéraire du XXe siècle semble consister dans sa critique du principe de représentation (*Vorstellung*) en tant que simple « face à face » (*Vor-stellung*) avec le monde et, par là, précisément dans sa critique de la conception du modèle compris comme forme donnée préalablement[1].

une reconnaissance sans ressemblance : le « bal de têtes » de Proust

Dans ces conditions, il n'est pas surprenant de relever comment le « bal de têtes » – un des *loci* les plus décisifs de toute la *Recherche* proustienne – pose aussi au Narrateur, désormais âgé, précisément le problème de la reconnaissance. Après des années passées à l'écart de la vie mondaine, en effet, les invités à la matinée des Princes de Guermantes et le maître de maison lui-même, à leur tour vieillis, lui paraissent masqués : « Au premier moment je ne compris pas pourquoi j'hésitais à *reconnaître* le maître de maison, les invités, et pourquoi chacun semblait s'être "fait une tête" »[2].

---

1. Dans ce sens, le XXe siècle apparaît comme le siècle qui trouve son expression maximale dans la pensée moderne qui – explique Deleuze dans la « Préface » de *Différence et répétition* – « naît de la faillite de la représentation, comme de la perte des identités et de la découverte de toutes les forces qui agissent sous la représentation de l'identique. Le monde moderne est celui des simulacres » G. Deleuze, *Différence et répétition, op. cit.*, p. 1. Il convient de rappeler en outre que Jean-François Lyotard voit progressivement se dissoudre en Occident, à partir des vingt dernières années du XIXe siècle, le système de la représentation fondé sur la conception de l'objet comme symbole qui renvoie à un référent et remplit ainsi la fonction de satisfaction d'un besoin. *Cf.* J.-F. Lyotard, *Freud selon Cézanne*, dans *Des dispositifs pulsionnels*, « 10/18 », Paris, Union Générale d'Éditions, 1973, p. 71-94. Ainsi, ce que Lyotard définira plus tard comme « postmoderne » se configurerait comme produit extrême mais cohérent des transformations qui ont trouvé à son avis leur première expression dans le « principe souterrain de dé-représentation » (*Ibid.*, p. 82) incarné dans l'œuvre de Cézanne, mais aussi une correspondance dans le concept marxien de force de travail et le concept freudien de *libido*.

2. M. Proust, *Le temps retrouvé*, éd. cit., p. 499 ; je souligne. À ce sujet *cf.* également P. Ricœur, *Parcours de la reconnaissance, op. cit.*, p. 101-103.

La transformation qui fait ici obstacle à la reconnaissance apparaît donc avant tout corporelle, mais, à plus d'une reprise, Proust précise qu'elle ne fait qu'un avec « une transformation complète de la personnalité » [1]. Ce qu'il suggère dans ces pages peut, partant, être considéré comme « une théorie de l'identité » [2] soutenant la transformation *à la fois* corporelle et psychique de cette dernière.

Dès lors, c'est la question de Ménon qui fait retour : si dans les deux cas cette transformation s'avère, comme nous l'avons lu, « complète », que reste-t-il de l'*idem* : du « même » qui définit l'identité ? *N'était cette question*, dans les premières pages du « bal de têtes » la reconnaissance paraîtrait aisément reconductible à la définition – modelée précisément « sur la forme du Même » [3] – que Deleuze offre dans *Différence et répétition*. Cette définition semble en effet trouver une exemplification éclairante dans celle que Proust donne, à son tour, du « bal de têtes » : « Des poupées, mais que pour les identifier à celui qu'on avait connu, il fallait lire sur plusieurs plans à la fois, situés derrière elles et qui leur donnaient de la profondeur et forçaient à faire un travail d'esprit quand on avait devant soi ces vieillards fantoches, car *on était obligé de les regarder en même temps qu'avec les yeux avec la mémoire* » [4]. Exactement comme il est expliqué dans *Différence et répétition*, la reconnaissance semble donc requérir « une collaboration des facultés » [5] qui parvienne à « identifier » les poupées « à celui qu'on avait connu ». Ainsi définie, la reconnaissance paraît en somme consister dans le fait de reconduire quelqu'un ou quelque chose à l'identité *qu'on avait connue*

1. M. Proust, *Le temps retrouvé*, éd. cit., p. 500. De même un peu plus loin : « Tous ces traits nouveaux du visage impliquaient d'autres traits de caractère », *Ibid.*, p. 504.
2. M. Ferraris, « Bal de têtes. Bêtes, bêtise e identità nella "Recherche" », *aut aut*, n. 206-207, marzo-giugno 1985, p. 23.
3. G. Deleuze, *Différence et répétition*, op. cit., p. 175.
4. M. Proust, *Le temps retrouvé*, éd. cit., p. 503 ; je souligne.
5. G. Deleuze, *Différence et répétition, op. cit.*, p. 178.

et que, en tant qu'elle fut donnée au préalable, on continue à considérer comme celle *qui est la vraie*.

Bien vite, cependant, dans le texte proustien, quelques indices viennent contredire cette démarche. Ou mieux, avant même de reprendre la similitude des « têtes » qui semblent *masquer* l'aspect *effectif* des personnages à travers la métaphore des « poupées » et celle des « vieillards fantoches », le Narrateur déçoit les attentes qu'a induites cette démarche en trouvant « vrai » le Monsieur d'Argencourt qui *à présent* se tient en face de lui plutôt que « celui qu'[il] avait vu si souvent » [1].

Mais si le Monsieur d'Argencourt actuel n'a pas, effectivement, moins de titres que le précédent à être reconnu comme le « vrai », pour quels motifs devrait-il en avoir *plus* ? Ne s'agit-il pas, demanderait Heidegger, d'un *simple renversement* de la vérité du passé en vérité du présent ? La réponse semble donnée à la page qui suit immédiatement celle qui contient la métaphore des « poupées » et des « vieillards fantoches ». Ici, le Narrateur observe que ce que le « bal de têtes » lui donne à voir n'est pas simplement une image situable dans un temps déterminé. Il lui offre plutôt quelque chose de similaire à « toutes les images successives, et que je n'avais jamais vues, qui séparaient le passé du présent, mieux encore, le rapport qu'il y avait entre le présent et le passé ; elle était comme ce qu'on appelait autrefois une vue optique, mais une vue optique des années, la vue non d'un moment, mais d'une personne située dans la perspective déformante du Temps » [2].

Non seulement cette considération semble exclure le soupçon que le « bal de têtes » cache un « simple renversement » de la vérité du passé en vérité du présent, mais elle vise en outre à décrire, d'une

---

1. « A peine, [...] pouvait-on trouver dans l'Argencourt *vrai* celui que j'avais vu si souvent » (M. Proust, *Le temps retrouvé*, éd. cit., p. 500-501 ; je souligne).
2. *Ibid.*, p. 504.

personne, une « vue » que la phénoménologie définirait comme *eidétique*. La reconnaissance d'une personne qu'autorise cette vue s'accompagne d'un mouvement inverse de celui qui reconduit le présent au passé *qu'on avait connu* et qui, pour Deleuze, contribue précisément à la définition du « modèle de la récognition ». Ce mouvement inverse (mais il conviendrait peut-être plutôt de dire que les deux mouvements *ne font qu'un*) est celui qui force le Narrateur « en réaction, de rétablir ensuite, en leur donnant leur place réelle, les années auxquelles je n'avais pas pensé » [1].

C'est justement ce dernier mouvement, précise même Proust, qui entrouvre pour le Narrateur le « point de vue » [2] sur cette quatrième dimension − la dimension du temps − « qui d'habitude n'est pas visible, [et qui] pour le devenir cherche des corps » [3] à situer dans la perspective qui lui est caractéristique : la perspective définie par un mot qui parcourt et sous-tend toute la narration du « bal de têtes » : « déformante » [4].

Dans ce que Proust vise à décrire, il semble en somme que l'on peut reconnaître ce que, dans le premier chapitre du présent ouvrage, j'avais tenté de définir comme une *Wesensschau charnelle*. Ici cette *vision sensible des essences* exerce même un double effet en rendant *sensible* pour le Narrateur la « révélation » [5] de la dimension − « inconcevable et sensible » [6] − du temps et en lui permettant également de reconnaître l'« essence sensible » de la personne qui s'approche de lui, une « essence sensible » à comprendre en tant qu'« élément » : l'élément que Merleau-Ponty appelle, de manière significative, « trans-temporel ». De plus, cette seconde révélation

---

1. *Ibid.*
2. *Ibid.*
3. *Ibid.*, p. 503.
4. *Ibid.*, p. 504. Pour le recours à ce terme, *cf.* également *Ibid.*, p. 502 et à nouveau p. 504.
5. *Ibid.*, p. 504. C'est Proust qui emploie à ce propos l'expression « *faire sentir* ».
6. *Ibid.*

ne peut certes être disjointe de la première ; Proust veut même suggérer que c'est précisément à travers les *déformations* qui s'opèrent sur son corps que le temps peut réussir à donner d'une personne une telle essence, ou *eidos*, « idée », « forme ».

Préparée par les expressions modelées sur l'expérience de la vision, par des allusions à des questions très répandues dans le débat artistique de l'époque, comme celle de la « quatrième dimension » [1], par des périphrases provenant manifestement d'une matrice picturale, telles que la disposition en « perspective », Proust introduit ainsi une métaphore décisive pour le développement que cette scène donne au thème de la reconnaissance : la métaphore qu'il déploie seulement plusieurs pages plus loin en parlant de l'« artiste, le Temps » et en le déclarant « pareil à ces peintres qui gardent longtemps une œuvre et la complètent année par année » [2].

Dans le développement de l'épisode du « bal de têtes », Proust entremêle à cette métaphore une attention à la fonction des noms des personnages, qui semble en réalité entrer en tension avec elle. La

---

1. Sur la connaissance par Proust du débat artistique contemporain, *cf.* en particulier P. Placella Sommella, *Marcel Proust e i movimenti pittorici d'avanguardia*, Rome, Bulzoni, 1982, qui repère dans la *Recherche* de nombreux signes de syntonie avec les esthétiques postimpressionnistes, et spécifiquement celles du futurisme et du cubisme. Au sujet de ce dernier, il convient alors de rappeler que plusieurs commentateurs ont souligné sa convergence spontanée avec la phénoménologie précisément en ce qui concerne les thèmes auxquels je me réfère maintenant : « L'impatience descriptive dont Eluard parlait à propos du cubisme serait visée justement à l'essence (*eidos*), et dans ce sens, on pourrait accepter la formulation de "cubisme eidétique" proposée par Guy Habasque, à condition de ne pas accepter aussi sa confusion entre platonisme et phénoménologie, puisque la saisie husserlienne de l'essence ne correspond pas à la tentative (toujours imparfaite) de connaître des vérités en soi accessibles seulement à une âme privée de corps ou à une intelligence divine » (A. Pinotti, « Il prestigio del far vedere », in *op. cit.*, p. 25). Sur la question de la « quatrième dimension » dans la culture à cheval entre le XIXe et le XXe siècle, *cf.* T. Gibbons, « Cubism and the Fourth Dimension in the Context of the Late 19th and 20th Century Revival of Occult Idealism », *Journal of the Warburg and Courtald Institutes*, n. 44, 1981, p. 130-147.

2. M. Proust, *Le temps retrouvé*, éd. cit., p. 513.

première attribue aux corps travaillés par le temps la possibilité de favoriser tout de même une reconnaissance qu'on pourrait définir, je l'ai dit, comme eidétique, alors que la seconde tend à nier cette possibilité, faisant plutôt du nom l'unique « indice »[1] capable d'assurer une liaison entre le souvenir d'un corps conservé par la mémoire et son aspect présent. D'ailleurs, l'effort analytique qui finit par intellectualiser certaines descriptions proustiennes, et la tonalité sensible des expériences que ces descriptions voudraient manifestement exprimer, produisent également une tension par certains côtés analogue[2] : cela arrive quelquefois aussi à l'égard de l'expérience qui mène le Narrateur à la « révélation frappante de cette réalité du millésime, qui d'habitude nous reste abstraite »[3].

En tout cas, c'est évidemment vers les développements proustiens de la métaphore de l'« artiste Temps » que mes réflexions sur la déformation et la reconnaissance tournent leur attention, avant tout parce que Proust écrit, au sujet de cet artiste, que, plaçant les personnes dans la « perspective déformante » qui lui est caractéristique, il avait su les rendre telles qu'elles « étaient *reconnaissables, mais […] pas ressemblant[e]s* »[4].

De manière significative, si l'on songe à ce que j'ai écrit plus haut à propos des caractéristiques de l'art et de la littérature du xx[e] siècle, Proust décrit, dans la même page, cet artiste comme, tout ensemble, « malveillant » et « inexact » — c'est-à-dire non mimétique — de sorte que beaucoup des personnes dépeintes à l'intérieur de ses tableaux, « on les identifiait immédiatement, mais comme d'assez

---

1. *Ibid.*, p. 519.
2. Les critiques adressées par Jean-Paul Sartre à l'intellectualisme de certaines descriptions proustiennes sont bien connues. *Cf.* J.-P. Sartre, *L'être et le néant*, Paris, Gallimard, 1943, p. 216.
3. *Ibid.*, p. 232.
4. M. Proust, *Le temps retrouvé*, éd. cit., p. 513 ; je souligne.

mauvais portraits d'eux-mêmes » [1]. Evoquant la *ressemblance seulement apparente* condamnée par Platon dans le *Sophiste*, nous pourrions donc dire que ces personnes sont identifiées en vertu d'une simple *apparence de ressemblance*, puisque l'artiste, par rapport à leur aspect passé, « durcit les traits de l'un, enlève la fraîcheur du teint ou la légèreté de la taille à celle-ci, assombrit le regard » [2], évite en somme toute ressemblance effective [3]. En effet, cet artiste ne semble pas intéressé par une reconnaissance qui, favorisée par l'imitation d'un modèle préliminaire, reposerait sur la *concordia facultatum*. Il s'intéresse au contraire à cette reconnaissance qu'on a définie comme *eidétique* et que Proust, comme nous allons le lire, préférera plutôt appeler *identification* : une reconnaissance obtenue par des déformations aussi efficaces que celles opérées par Phidias, mais qui, cependant, ne reposent sur aucune correction optique qui les compense, de sorte qu'elles forcent les facultés à travailler de *concours*, mais non en *concordia* [4], « si bien qu'elles forment des accords essentiellement dissonants » — comme nous avons vu Deleuze l'écrire à propos de la troisième *Critique* kantienne — de manière à correspondre aux « hardis contrastes » [5] que l'artiste même a introduits. « En effet, *"reconnaître" quelqu'un*, et plus encore, *après n'avoir pas pu le reconnaître, l'identifier*, c'est *penser sous une seule dénomination deux choses contradictoires*, c'est admettre que ce qui était ici, l'être qu'on se rappelle n'est plus, et que ce qui y est, c'est un

---

1. *Ibid.*
2. *Ibid.*
3. Des personnes présentes au « bal de têtes », Proust avait écrit quelques pages avant qu'elles sont « tellement transformées qu'elles ne ressemblent plus, sans avoir cessé d'être, justement parce qu'elles n'ont pas cessé d'être, à ce que nous avons vu d'elles jadis » (*Ibid.*, p. 505).
4. « Comparant ces images [élaborées par l'« artiste Temps »] avec celles que j'avais sous les yeux de ma mémoire, j'aimais moins celles qui m'étaient montrées en dernier lieu » (*Ibid.*, p. 513).
5. *Ibid.*

être qu'on ne connaissait pas ; c'est avoir à penser un mystère presque aussi troublant que celui de la mort dont il est, du reste, comme la préface et l'annonciateur » [1]. Quelque chose de ce mystère subsiste en définitive dans le mystère de la reconnaissance eidétique que, je l'ai dit plus haut, l'art et la littérature du XXe siècle ont cherché à explorer. Il est clair, du reste, qu'en assimilant l'artiste et le Temps, Proust ne veut pas seulement désigner le *style de travail* de ce dernier, mais aussi la tâche à laquelle, par là même, il juge que l'artiste est appelé.

---

1. *Ibid.*, p. 518 ; je souligne.

quatrième chapitre
la parole de l'augure
Merleau-Ponty et la « *Philosophie du Freudisme* »

un nouvel intérêt pour la psychanalyse

Durant cette même année où il notait la connexion entre le temps mythique des idées sensibles et « l'idée freudienne de l'inconscient et du passé », par laquelle j'ai commencé le deuxième chapitre, Merleau-Ponty publiait la « Préface » du livre intitulé *L'œuvre de Freud et son importance pour le monde moderne*[1], écrit par le psychanalyste Angelo Hesnard, qui soutenait à cette époque des positions proches de celles de Lacan[2]. Concluant cette « Préface », Maurice Merleau-Ponty insistait sur les « motifs nouveaux »[3] qui le poussaient à s'intéresser à l'œuvre de Freud, quelques pages après avoir admis qu'« une philosophie peut-être plus mûre et aussi la croissance de la recherche freudienne – précisément dans le sens qui est celui du docteur Hesnard – nous feraient aujourd'hui exprimer autrement les rapports de la phénoménologie et de la psychanalyse, la philosophie implicite de la psychanalyse elle-même, et nous rendraient pour finir moins indulgents pour nos premiers essais »[4].

---

1. A. Hesnard, *L'œuvre de Freud et son importance pour le monde moderne*, Paris, Payot, 1960.
2. *Cf.* E. Roudinesco, M. Plon, *Dictionnaire de la psychanalyse*, Paris, Fayard, 1997, p. 432.
3. M. Merleau-Ponty, « Préface » de A. Hesnard, *op. cit.*, p. 10, reprise dans M. Merleau-Ponty, *Parcours deux (1951-1961)*, *op. cit.*, p. 276-284 (ici p. 284).
4. M. Merleau-Ponty, « Préface » de A. Hesnard, *op. cit.*, p. 7.

Cela ne l'empêchait certes pas de préciser que les critiques qu'il avait adressées dans le passé à l'égard de la psychanalyse freudienne conservaient « toujours leur vérité » [1]. Quelques pages plus haut, il les avait résumées telles qu'elles étaient exposées dans un « ouvrage ancien » [2] qu'on devine être la *Phénoménologie de la perception* : il était question des critiques de ceux qui, comme lui, « regardent l'inconscient freudien comme une conscience archaïque ou primordiale, le refoulé comme une zone d'expérience que nous n'avons pas intégrée, le corps comme une sorte de complexe naturel ou inné et la communication comme un rapport entre des êtres incarnés, bien ou mal intégrés, de cette sorte » [3].

La « Préface » du livre de Hesnard est contemporaine aussi du dernier des trois cours consacrés au « concept de nature » que Merleau-Ponty donne au Collège de France entre les années académiques 1956-57 et 1959-60 : il s'agit du cours intitulé, de manière significative, « Nature et logos : le corps humain » [4], qui est justement focalisé sur le corps « comme racine du symbolisme » [5]. C'est précisément en décrivant à ce niveau « l'émergence du symbolisme » [6] que Merleau-Ponty se réfère à ce qu'il avait indiqué quelques années auparavant, dans le résumé d'un autre cours, comme « ce que Freud a apporté de plus intéressant, — non pas l'idée d'un second "je pense" qui saurait ce que nous ignorons de nous, — mais l'idée d'un symbolisme qui soit primordial, originaire, d'une "pensée non conventionnelle" (Politzer), enfermée dans un "monde pour

---

1. *Ibid.*
2. *Ibid.*, p. 5.
3. *Ibid.*
4. A propos de ce cours, *cf.* le résumé dans M. Merleau-Ponty, *Résumés de cours, op. cit.*, p. 171-180, ainsi que les notes préparatoires dans M. Merleau-Ponty, *La Nature, op. cit.*, p. 263 *sq.*
5. *Ibid.*, p. 259.
6. M. Merleau-Ponty, *Résumés de cours, op. cit.*, p. 137.

nous", responsable du rêve et plus généralement de l'élaboration de notre vie » [1].

La définition du symbolisme sur laquelle Merleau-Ponty insiste à propos du corps humain dans le cours qu'il lui consacre en 1959-60 motive donc l'espace fondamental que la psychanalyse y occupe : « symbolisme = non pas au sens superficiel = un terme représentatif d'un autre, tenant lieu d'un autre, mais au sens fondamental de : expressif d'un autre » [2].

En conclusion des notes préparatoires de ce cours, on a redécouvert quelques pages – également consacrées à la psychanalyse – que Merleau-Ponty avait écrites pour le cours de l'année précédente, intitulé « La philosophie aujourd'hui » [3]. Pour une compréhension plus approfondie de ces pages, il s'agit donc avant tout de rappeler l'intention de cet autre cours.

De même que les notes de travail du *Visible et l'invisible*, le « plan du cours » [4] part de la constatation de « notre état de non-philosophie » [5], à propos duquel ces notes observent que « la crise n'a jamais été aussi radicale » [6]. Il s'agit, expliquent les notes préparées pour le cours, d'une « crise de la rationalité dans les rapports entre les hommes » [7] ainsi que « dans nos rapports avec la Nature » [8], toutes deux exprimant les « contrecoups du développement de la technique » [9].

---

1. *Ibid.*, p. 69-70.
2. M. Merleau-Ponty, *La Nature*, *op. cit.*, p. 281.
3. Pour les pages en question, *cf.* M. Merleau-Ponty, *Notes de cours 1959-1961*, *op. cit.*, p. 149-156, mais aussi p. 388-389 ; pour la note qui s'y réfère, cf. *Ibid.*, p. 65, note 1.
4. Cf. *Ibid.*, p. 35-36.
5. *Ibid.*, p. 35 ainsi que M. Merleau-Ponty, *Le visible et l'invisible*, *op. cit.*, p. 219.
6. M. Merleau-Ponty, *Le visible et l'invisible*, *op. cit.*, p. 219.
7. M. Merleau-Ponty, *Notes de cours 1959-1961*, *op. cit.*, p. 40.
8. *Ibid.*, p. 42.
9. *Ibid.*, p. 46.

Ces notes de cours sont ensuite concentrées sur l'essai d'identification des multiples « symptômes culturels » « qui attestent [une] même situation de crise, *i. e.* à la fois péril et possibilité de renaissance de la philosophie : exemple, dans notre idéologie occidentale : poésie, musique, peinture, et psychanalyse »[1]. Dans la psychanalyse, comme dans les autres « symptômes culturels », Merleau-Ponty reconnaît un sens ambivalent, sur lequel reviennent à plusieurs reprises les pages qu'il consacre à la psychanalyse : « il y a une psychanalyse symptôme de décadence, qu'elle pose inconscient séparé ou lui oppose contrôle conscient ; il y a une psychanalyse qui, à l'occasion de désintégration, retrouve unité plus profonde : Pensée inconsciente comme non conventionnelle, moi comme profondément apparenté »[2].

La première de ces pages explique cette ambivalence de la manière suivante : la psychanalyse, respectivement, « est (1) si elle est comprise comme explication positiviste par le sexuel ou à l'opposé par le moi. Elle est (2) si l'on comprend que le "sexuel" sur lequel tout s'appuie n'est pas le génital — que tout s'appuie sur lui parce que le désir humain est tout autre chose que fonction automatique »[3].

La continuité de pensée qui relie ces notes avec ce que Merleau-Ponty indique comme ses « premiers essais », dans la « Préface » du livre de Hesnard, devient dès lors évidente : on peut retrouver cette continuité tant par rapport aux critiques adressées — dès *La structure du comportement* — à l'égard des tentations causalistes du langage de la psychanalyse que par rapport à l'interprétation du « pansexualisme » freudien formulée, dans la *Phénoménologie de la perception*, comme « osmose entre la sexualité et l'existence »[4].

---

1. *Ibid.*
2. *Ibid.*, p. 388-389.
3. *Ibid.*, p. 149.
4. M. Merleau-Ponty, *Phénoménologie de la perception, op. cit.*, p. 197.

A cela vient s'ajouter à présent le nouvel intérêt pour la psychanalyse en tant que l'un des « symptômes culturels » dans lesquels Merleau-Ponty croit voir opérer – de manière implicite – une « nouvelle ontologie » qui, en vertu de l'ambivalence indiquée plus haut, peine à trouver une formulation philosophique appropriée, et pourrait même ne pas la trouver du tout. Merleau-Ponty cherchera cette nouvelle formulation surtout dans ses deux cours de l'année 1960-61, qui ont été interrompus par sa brusque disparition : « Philosophie et non-philosophie depuis Hegel » et, encore plus explicitement, « L'ontologie cartésienne et l'ontologie d'aujourd'hui »[1].

Les « motifs nouveaux »[2] d'intérêt pour la psychanalyse que nous avons trouvés énoncés dans la préface du livre de Hesnard consistent en somme dans la conviction que ce qu'au même endroit nous avons vu qualifié de « philosophie implicite de la psychanalyse elle-même »[3] contribue à dessiner les contours de cette « *ontologie d'aujourd'hui* » à laquelle Merleau-Ponty cherchait à donner une formulation philosophique explicite dans ses derniers cours au Collège de France. La continuité entre cette nouvelle évaluation de la psychanalyse et les critiques et interprétations qu'il avait proposées dans le passé apparaît avec une évidence particulière dans un passage des notes de cours que nous sommes en train d'examiner. Ici, Merleau-Ponty se décide pour cette évaluation justement en raison de l'interprétation du « pansexualisme » freudien qui était la sienne auparavant : « La vraie (+ compréhension) formulation n'est pas tout est sexuel, mais : il n'est *rien* qui *ne* soit sexuel, *rien* n'est *asexué*, le dépassement du génital n'est pas distinction ou coupure absolue —>

---

1. *Cf.* M. Merleau-Ponty, *Notes de cours 1959-1961, op. cit.*, p. 159 *sq.*
2. M. Merleau-Ponty, « Préface » de A. Hesnard, *op. cit.*, p. 10.
3. *Ibid.*, p. 7.

caractère ontologique de la sexualité, *i. e.* elle est contribution majeure à notre rapport avec l'être » [1].

Le même texte ajoute que « [la psychanalyse] esquisse une philosophie [...] si elle se laisse guider par le rapport à l'être tel qu'il se révèle dans l'homme » [2]. Et « Philosophie du Freudisme » est précisément le titre d'une note de travail du *Visible et l'invisible* qui est parmi les plus importantes pour notre propos ici [3].

le freudisme comme philosophie de la chair

Cette note commence par confirmer la critique de l'interprétation causaliste de ce que Freud définit comme « la relation entre les impressions infantiles [*Kindheitseindrücken*] et le cours de la vie de l'artiste et ses œuvres comme réactions à ces excitations » [4]. Cependant – la note le précise – cette interprétation causaliste n'est qu'une « interprétation superficielle du Freudisme » [5]. Si une telle interprétation est évidemment à éviter, il s'agit plus en général – indique la même note – de « faire non une psychanalyse existentielle, mais une psychanalyse *ontologique* » [6].

Le développement des éléments précédents de critique et d'interprétation de la psychanalyse dans les « motifs nouveaux » d'intérêt pour elle est donc encouragé, dans la pensée de Merleau-Ponty, par le passage de la perspective existentielle qu'on trouve dans la *Phéno-*

1. *Cf.* M. Merleau-Ponty, *Notes de cours 1959-1961, op. cit.*, p. 150-151.
2. *Ibid.*, p. 151.
3. Il s'agit de la note de travail de décembre 1960 dont le titre complet est « Corps et chair – Eros – Philosophie du Freudisme ». *Cf.* M. Merleau-Ponty, *Le visible et l'invisible, op. cit.*, p. 323-324.
4. S. Freud, « Das Interesse an der Psychoanalyse », *Scientia*, vol. 14 (31 et 32), 1913, trad. fr. (modifiée) par P.-L. Assoun, *L'intérêt de la psychanalyse*, présenté et commenté par P.-L. Assoun, Paris, Éditions du CEPL, 1980, p. 91.
5. M. Merleau-Ponty, *Le visible et l'invisible, op. cit.*, p. 323.
6. *Ibid.*

ménologie de la perception à la perspective ontologique qui inspire sa réflexion plus tardive. En d'autres termes, ce qui favorise ce développement − et, bien entendu, ce qui l'alimente − est l'approfondissement de la notion de « corps propre » (qui, si elle implique la *corrélation* entre sujet percevant et monde perçu, reste toutefois à l'intérieur de la « distinction "conscience" − "objet" », comme l'admet également *Le visible et l'invisible* [1]) dans la notion de « chair », avec laquelle Merleau-Ponty parvient à désigner l'étoffe ontologique commune qui entre-tisse notre corps, celui d'autrui et les choses du monde, les enveloppant dans un horizon de *co-appartenance* à l'intérieur duquel sujet et objet ne sont pas encore constitués, de sorte que tout corps et toute chose ne se donne que comme *différence* à l'égard des autres.

La note de travail du *Visible et l'invisible* que nous sommes en train d'examiner déclare donc que, si on l'interprète dans une telle perspective, « la philosophie de Freud n'est pas philosophie du corps mais de la chair » [2], en comprenant cette dernière précisément comme horizon commun d'appartenance de tous les étants. A un tel horizon cette note suggère en fait de ramener la surdétermination freudienne des symptômes [3] sur laquelle Merleau-Ponty insistait dans la *Phénoménologie de la perception* afin de soutenir que « Freud lui-même, dans ses analyses concrètes, quitte la pensée causale » [4] : c'est précisément en tant qu'entre-tissé dans la *chair* de l'être que « tout étant peut être *accentué* comme emblème de l'Être » [5], comme l'explique la note du *Visible et l'invisible*. Et, ainsi surdéterminé, il peut donner lieu à la « fixation d'un "caractère" par investissement

1. Cf. *Ibid.*, p. 253.
2. *Ibid.*, p. 324.
3. Cf. *Ibid.*, p. 323.
4. M. Merleau-Ponty, *Phénoménologie de la perception, op. cit.*, p. 184, note 3.
5. M. Merleau-Ponty, *Le visible et l'invisible, op. cit.*, p. 323.

dans un Étant de l'ouverture à l'Être, – qui désormais, se fait *à travers cet Étant* » [1].

Rappelons et relisons alors dans cette perspective l'affirmation selon laquelle dans « le mouvement circulaire de notre vie, [...] tout symbolise tout » [2] – qui accréditait « l'*intuition psychanalytique* » [3] dans *Le doute de Cézanne* – ainsi que le rappel à la surdétermination freudienne de tous les symptômes [4], qui apparaît également dans ce texte, et, plus généralement, la totalité du commentaire, développé dans ce même texte, du célèbre essai de Freud intitulé *Un souvenir d'enfance de Léonard de Vinci* [5]. Par ailleurs, ce dernier essai s'avère d'un intérêt particulier parce qu'il croise de manière significative deux écrits freudiens consacrés au thème du « fétichisme ». D'un côté, en effet, ce texte a été composé la même année (1909) au cours de laquelle Freud présenta à la Société psychanalytique de Vienne ses hypothèses autour *De la genèse du fétichisme*, d'un autre côté, il y déclarera déjà en partie présente l'explication du fétichisme avancée par lui en conclusion d'un écrit publié à ce sujet en 1927 [6].

---

1. *Ibid.*
2. M. Merleau-Ponty, *Le doute de Cézanne*, dans *Sens et non-sens, op. cit.*, p. 43.
3. *Ibid.*, p. 41. Peu après, il confirme cela : « Comment nier que la psychanalyse nous a appris à percevoir, d'un moment à l'autre d'une vie, des échos, des allusions, des reprises, un enchaînement que nous ne songerions pas à mettre en doute si Freud en avait fait *correctement* la théorie ? » (*Ibid.*, p. 42 ; je souligne).
4. Cf. *Ibid.*, p. 41.
5. S. Freud, *Eine Kindheitserinnerung des Leonardo da Vinci*, Leipzig-Wien, Deuticke, 1910, trad. fr. par J. Altounian, A. et O. Bourguignon, P. Cotet et A. Rauzy, préface de J.-B. Pontalis, *Un souvenir d'enfance de Léonard de Vinci*, Paris, Gallimard, 1987.
6. *Cf.* respectivement S. Freud, *Zur Genese des Fetischismus* [minutes de la conférence tenue le 24 février 1909 à la Société psychanalytique de Vienne], trad. fr. par P. Di Mascio, *De la genèse du fétichisme*, présentée par L. Rose, « "Freud et le fétichisme", une séance inédite des Minutes de la Société psychanalytique de Vienne », *Revue internationale d'histoire de la psychanalyse*, n. 2, 1989, p. 421-439, ainsi que « Fetischismus », *Almanach der Psycho-analyse 1928*, Wien, 1927, p. 17-24, trad. fr. par R. Lainé, *Fétichisme*, dans *Œuvres complètes*, vol. XVIII (1926-1930), Paris, P.U.F., 1994, p. 123-132, en particulier la note à la p. 126.

On sait que le « souvenir d'enfance » qui donne son titre à l'essai de Freud, a été raconté par Léonard, interrompant pour l'occasion ses annotations scientifiques sur le vol des milans noirs, puisque ce « souvenir » concerne justement la figure d'un milan noir qui se serait posé sur son berceau en lui frappant la bouche avec sa queue : une figure qui est évoquée, selon Freud, par la draperie du manteau de Marie dans *Sainte-Anne, la vierge et l'enfant*.

A partir de ce « souvenir d'enfance » (*Kindheitserinnerung*), il reçoit donc l'impulsion pour une tentative de déchiffrer l'*énigme*[1] du caractère léonardien. Toutefois, malgré son titre, l'essai de Freud suppose que « cette scène avec le vautour ne doit pas être un souvenir de Léonard, mais une fantaisie [*Phantasie*] qu'il s'est formée par la suite et qu'il a reportée dans son enfance »[2], ou plus précisément, l'élaboration fantasmatique postérieure d'une double réminiscence : « d'être allaité et soigné par sa mère »[3].

Selon la perspective adoptée maintenant par Merleau-Ponty, tout comme dans le cas qui a inspiré ce « souvenir », une expérience d'*initiation* consiste dès lors dans la rencontre avec un étant quelconque, qui, en tant qu'il est prélevé sur l'horizon ontologique de la chair, est *accentué* comme ouverture d'une « *dimension* de l'être »[4], selon une expression qui revient à son tour dans la note de travail du *Visible et l'invisible* que nous avons examiné jusqu'ici.

Dans une expérience d'initiation, un étant quelconque finit en somme par *se dimensionnaliser*[5] comme « essence »[1]. Cela se

1. *Cf.* S. Freud, *Un souvenir d'enfance de Léonard de Vinci, op. cit.*, p. 56.

2. *Ibid.*, p. 90-91. Concernant la traduction de *nibbio* (« milan noir ») par *Geier* (« vautour ») chez Freud, *cf.* la préface de J.-B. Pontalis, *Ibid.*, p. 29-42.

3. S. Freud, *Un souvenir d'enfance de Léonard de Vinci, op. cit.*, p. 146.

4. M. Merleau-Ponty, *Le visible et l'invisible, op. cit.*, p. 323 ; je souligne.

5. Pour l'usage de ce verbe, *cf.* la note de travail du *Visible et l'invisible* intitulée « Problème du négatif et du concept, Gradient » et datée de février 1960, dans laquelle Merleau-Ponty écrit : « le concept, la signification sont le singulier *dimensionnalisé* » (*Ibid.*, p. 291).

produit quand il est *repris de manière créatrice* (d'après une expression merleau-pontienne qui apparaît également dans l'essai sur Cézanne [2]) à l'intérieur d'une association telle qu'elle le *surdétermine*. Comme l'explique une autre note de travail du *Visible et l'invisible* fondamentale pour cette problématique, « il n'y a pas d'association qui joue si ce n'est quand il y a surdétermination, c'est-à-dire un rapport de rapports, une coïncidence qui ne peut être fortuite, qui a un sens *ominal* » [3].

« l'association comme initiation »

Merleau-Ponty met donc en garde contre une interprétation *simplement associationniste* des « ˮassociationsˮ » de la psycha-

---

1. A nouveau dans la note de travail consacrée à « Corps et chair – Eros – Philosophie du Freudisme », confirmant son refus de la notion de « couche [*Schicht*] » qu'il oppose dans sa dernière philosophie autant à la phénoménologie husserlienne qu'à la psychanalyse freudienne, Merleau-Ponty écrit : « il n'y a pas *hiérarchie* d'ordres ou de couches ou de plans (toujours fondée sur distinction individu – essence), il y a dimensionnalité de tout fait et facticité de toute dimension » (*Ibid.*, p. 324). Concernant l'occurrence du terme *Schicht* dans *Un souvenir d'enfance de Léonard de Vinci*, *cf.* S. Freud, *Gesammelte Werke*, VIII Band (*Werke aus den Jahren 1909-1913*), Frankfurt a. M., S. Fischer, 1943, p. 207, trad. fr. p. 173-174.

2. *Cf.* M. Merleau-Ponty, *Le doute de Cézanne*, dans *Sens et non-sens*, *op. cit.*, p. 43, ainsi qu'*Un inédit de M. Merleau-Ponty* [1952], éd. par M. Guéroult, « Revue de Métaphysique et de Morale », a. LXVII, n. 4, octobre 1962, p. 406.

3. M. Merleau-Ponty, *Le visible et l'invisible*, *op. cit.*, p. 294. Il s'agit de la note de travail du *Visible et l'invisible* intitulée « Rayons de passé, de monde » et datée de mars 1960 (cf. *Ibid.*, p. 293-294), qui offre des références denses à l'écrit de Freud, « Aus der Geschichte einer infantilen Neurose » [1914], in *Sammlung kleiner Schriften zur Neurosenlehre*, Wien, Heller, 1918, p. 578-717, trad. fr. par J. Altounian et P. Cotet, *A partir de l'histoire d'une névrose infantile*, dans *Œuvres complètes*, vol. XIII (1914-1915), Paris, P.U.F., 1988, p. 1-118. Sur cette note de travail du *Visible et l'invisible* et ses références freudiennes (ainsi que sur l'autre note consacrée à la « Philosophie du Freudisme ») les commentaires de M. Richir dans son texte « Essences et ˮintuitionˮ des essences chez le dernier Merleau-Ponty » sont très importants : cf. *Phénomènes, temps et être*, *op. cit.*, p. 65-103.

nalyse »[1], cherchant plutôt à penser « L'association comme initiation » : c'est ce que propose, de manière significative, le titre de l'une de ses notes portant sur l'écrivain Claude Simon, que nous reproduisons ici en entier :

> Le rouge des écussons d'artilleur (Cl. Simon : texte des *Lettres françaises*) – Il lui dit ceci et cela – On dit : par association. Ce n'est pas cela, ni *Verschmelzung* etc. – C'est qu'il y a une vertu signifiante de la texture de ce rouge, une texture qualitative, d'abord. Ensuite les expériences dont il réveille le sentiment ont été vécues *à travers* lui (comme les choses à travers leurs noms) et c'est ce qui fait, – c'est cette structure archaïque qui fait, – qu'il sera toujours le médiateur de ces expériences. Parce que notre expérience n'est pas un champ plat de qualités, mais toujours sous l'invocation de tel ou tel fétiche, abordée par l'intercession de tel ou tel fétiche[2].

1. M. Merleau-Ponty, *Le visible et l'invisible, op. cit.*, p. 293. « Les "associations" de la psychanalyse – écrit Merleau-Ponty en poursuivant la note de travail du *Visible et l'invisible* que je viens d'évoquer à la note précédente – sont en réalité "rayons" de temps et de monde » (*Ibid.*). En se référant au texte freudien intitulé *A partir de l'histoire d'une névrose infantile, op. cit.*, Merleau-Ponty souligne ensuite qu'« il n'y a pas là trois souvenirs [...] "associés" », mais « il y a *surdétermination* de l'association » (*Ibid.*, p. 294). Dans ce contexte, il vaut la peine de se rappeler également la critique du même Freud à l'égard de l'associationnisme comme explication spécifique du fétichisme dans la note suivante qu'il ajoute en 1920 au premier de ses *Trois essais sur la théorie sexuelle*, dans laquelle le fétiche s'avère par ailleurs représenter un « souvenir-écran » : « Une investigation psychanalytique plus approfondie a donné matière à une critique justifiée de l'affirmation de Binet. Toutes les observations faites dans ce domaine ont pour thème une première rencontre avec le fétiche, au cours de laquelle celui-ci se trouve déjà en possession de l'intérêt sexuel, sans que l'on puisse comprendre à partir des circonstances concomitantes comment cela s'est produit. [...] Les choses se passent en réalité de la manière suivante : derrière le premier souvenir relatif à l'apparition du fétiche se trouve une phase engloutie et oubliée du développement sexuel, qui est représentée [« *vertreten* »] par le fétiche comme par un « souvenir-écran », et dont le reste et le précipité constituent, par conséquent, le fétiche » (S. Freud, *Drei Abhandlungen zur Sexualtheorie*, Leipzig-Wien, Deuticke, 1905, trad. fr. par P. Koeppel, *Trois essais sur la théorie sexuelle*, Paris, Gallimard, 1987, p. 64).
2. M. Merleau-Ponty, « Cinq notes sur Claude Simon », *Médiations*, n. 4, hiver 1961-62, ensuite *Esprit*, n. 66, juin 1982, p. 66, reprises dans M. Merleau-Ponty, *Parcours deux (1951-1961), op. cit.*, p. 310 *sq.* (ici p. 313). Pour une interprétation non associationniste des

L'initiation n'est donc pas initiale. Elle ne peut se donner qu'« *à travers* » la *reprise* d'une expérience dans une autre[1], et elle ne peut non plus se résoudre pour autant dans la simple *association* entre les deux, puisqu'il s'agit *toujours* d'une « reprise *créatrice* », même si, en vertu d'un « mouvement rétrograde du vrai », on tend à en considérer le sens comme *préexistant* dans l'expérience dont la « vertu signifiante » ne consiste en réalité qu'en une anticipation *pour* la reprise qui suit[2]. L'initiation s'accomplit donc dans l'*entre-deux* entre les expériences qui y sont associées, et voilà pourquoi elle se donne comme « surdétermination » par rapport à toutes les deux. Cela est possible pour autant que, comme on a pu le lire dans la note sur Claude Simon, « notre expérience n'est pas un champ plat de qualités », c'est-à-dire, pour revenir à la note de travail du *Visible et l'invisible* sur la « Philosophie du Freudisme », pour autant qu'elle est douée de cette « capacité ontologique » que Merleau-Ponty définit comme la « capacité de prendre un être comme représentatif de

---

associations, se référant à celles que la mémoire involontaire opère dans la *Recherche*, *cf.* G. Deleuze, *Proust et les signes*, *op. cit.*, p. 70-71.

1. Dans ce sens, il me semble qu'il faut considérer comme au moins incomplète la formule de Merleau-Ponty selon laquelle « avec la *première* vision, le *premier* contact, le *premier* plaisir, il y a initiation » (M. Merleau-Ponty, *Le visible et l'invisible*, *op. cit.*, p. 198 ; je souligne).

2. Dans la note de travail du *Visible et l'invisible*, déjà citée, intitulée « Rayons de passé, de monde » et datée de mars 1960, Merleau-Ponty écrit : « La surdétermination survient *toujours* : le mouvement rétrograde du vrai (= la préexistence de l'idéel) [...] fournit toujours d'autres raisons pour une association donnée » (M. Merleau-Ponty, *Le visible et l'invisible*, *op. cit.*, p. 294). Concernant l'expression bergsonienne « mouvement rétrograde du vrai », *cf.* l'importante explication de Merleau-Ponty lui-même : « Bergson s'est rendu compte qu'il n'y avait pas nécessairement défaut dans la rétrospection et, dans l'*Introduction* à *La Pensée et le Mouvant*, postérieure à l'ouvrage, il ne parle plus d'illusion rétrospective, mais de "mouvement rétrograde du vrai" : quand nous pensons quelque chose de vrai, c'est rétrospectivement que ce vrai nous paraît vrai » (M. Merleau-Ponty, *La Nature*, *op. cit.*, p. 100-101).

l'Être » [1]. C'est effectivement en vertu de cette capacité qu'un étant peut être « dimensionnalisé » [2], et donc qu'une chose peut être « surdéterminée » comme essence – à savoir, en termes grecs, comme *idea* – mais également comme « fétiche », comme le suggère encore une fois la note sur Claude Simon.

fétichisme

Dans cette perspective, nous pourrions dire que le fétichisme se révèle comme un cas particulier, éventuellement pathologique, de notre « capacité ontologique ». Or, il peut être compris comme tel, nous l'avons lu, non pas par une « philosophie du corps, mais de la chair ». Et c'est justement sur le plan de cette philosophie que Freud semble se situer dans sa conférence *De la genèse du fétichisme*.

En empruntant quelques observations proposées par Krafft-Ebing, il commence par admettre que « pratiquement n'importe quoi peut devenir un fétiche » [3]. Cependant, en désaccord avec l'explication de celui qui avait forgé le terme « fétichisme », Freud affirme ensuite que celui-ci ne dérive pas d'une réminiscence, mais qu'il est lié au refoulement d'une pulsion. « Il s'agit, explique-t-il, d'un mode de refoulement institué par la dissociation du complexe. Un fragment est véritablement refoulé, tandis que l'autre fragment est *idéalisé*, et dans le cas qui nous occupe, *fétichisé* » [4].

1. M. Merleau-Ponty, *Le visible et l'invisible, op. cit.*, p. 318.
2. C'est pourquoi Pierre Rodrigo parle, à ce sujet, « d'une libido comprise comme *dimensionnalité* [...] au sens donc d'*un être de profondeur non substantiel* » dans sa communication intitulée « A la frontière du désir : la dimension de la libido chez Merleau-Ponty » (avec laquelle mon présent chapitre est particulièrement convergent) et publiée dans le volume de textes réunis par M. Cariou, R. Barbaras et E. Bimbenet, *Merleau-Ponty aux frontières de l'invisible*, « Cahiers de *Chiasmi international* », n. 1, Milano, Mimesis, 2003, p. 89-96 (ici, p. 90).
3. S. Freud, *De la genèse du fétichisme*, art. cit., p. 425.
4. *Ibid.*, p. 428 ; je souligne.

C'est pourquoi Freud parle à ce propos d'un « refoulement partiel (*partielle Verdrängung*) »[1] des représentants liés à la pulsion réprimée : précisément en tant que partiel, ce refoulement donne lieu à une particulière « idéalisation d'un fragment du complexe refoulé »[2], ce en quoi consiste à son avis le fétichisme[3].

Il faut encore mettre en relief la manière dont il reconduit les représentants sur lesquels ce refoulement s'exerce à des pulsions différentes, telle que la pulsion « visuelle »[4] dans le cas du fétichisme des vêtements, et l'« olfactive »[5] dans le cas du fétichisme de la chaussure ou des cheveux, ces étants se trouvant ainsi « accentués », pourrions-nous dire avec Merleau-Ponty, comme autant d'emblèmes de l'Être.

Dans le bref article que Freud consacre au *Fétichisme* dix-huit ans plus tard, le fétiche est également mis en corrélation avec le refoulement partiel d'un objet dont il est la conservation idéalisée. Mais l'intérêt de Freud est concentré ici sur l'*objet* de ce refoulement – indiqué de manière univoque dans le « pénis de la femme »[6] – plutôt que sur la *genèse du fétichisme* comme le signalait au contraire, de manière appropriée, le titre de la conférence du 1909. Le

1. *Ibid.*, p. 429 et p. 430.
2. *Ibid.*, p. 430.
3. « Dans ce même contexte, on peut aussi saisir que les objets préférés des hommes, leurs idéaux, proviennent des mêmes perceptions et expériences vécues que les objets les plus exécrés par eux, et ne se différencient les uns des autres, à l'origine, que par de minimes modifications. Il peut même se faire, comme nous l'avons vu dans la genèse du fétiche, que la représentance de pulsion originelle ait été décomposée en deux morceaux, dont l'un succomba au refoulement, tandis que le reste, précisément à cause de cette intime connexion, connut le destin de l'idéalisation » (S. Freud, « Die Verdrängung », *Internationale Zeitschrift für ärztliche Psychoanalyse*, vol. 3 (3), 1915, trad. fr. par J. Altounian, A. Bourguignon, P. Cotet et A. Rauzy, *Le refoulement*, dans *Œuvres complètes*, vol. XIII (1914-1915), *op. cit.*, p. 193).
4. S. Freud, *De la genèse du fétichisme*, art. cit., p. 428.
5. *Ibid.*, p. 429.
6. S. Freud, *Fétichisme*, art. cit., p. 126.

fétichisme apparaît dès lors relié de manière causaliste au complexe de castration[1], et c'est avant tout pour cette raison que cet article paraît sous-tendu par une « philosophie du corps » − sous certains aspects plus encore du corps objectif que du corps vécu − plutôt que par une « philosophie de la chair ».

L'article, auquel il ne semble pas que Merleau-Ponty se soit jamais référé explicitement, montre en outre un autre aspect sur lequel se concentraient habituellement ses critiques à l'égard de la psychanalyse empruntées en particulier à l'œuvre de Georges Politzer[2]. En caractérisant le « refoulé » en tant que ce qui est « nié (ce qui voudrait dire connu) »[3], comme Merleau-Ponty l'observe dans les notes de cours sur la psychanalyse examinées ci-dessus, cet article semble en effet caractériser l'inconscient comme une « seconde conscience »[4], une « pensée adéquate cachée »[5] par le moi lui-même afin de s'en défendre. Mais ces notes rappellent qu'on en arrive ainsi à affirmer le « postulat de priorité de pensée conventionnelle, de priorité de sujet pensant »[6], alors que la perspective à laquelle Merleau-Ponty a abouti l'a conduit à une généralisation *ontologique* du symbolisme primordial par lequel nous l'avons déjà vu se référer à la « pensée non-conventionnelle » de Politzer[7].

---

1. *Ibid.*, p. 129.

2. On sait en effet à quel point, à partir de *La structure du comportement*, le texte du philosophe franco-hongrois Georges Politzer intitulé *Critique des fondements de la psychologie, I. La psychologie et la psychanalyse* (Rieder, Paris, 1928) ne cessera pas de jouer le rôle de médiateur entre Merleau-Ponty et la psychanalyse.

3. M. Merleau-Ponty, *Notes de cours 1959-1961, op. cit.*, p. 152.

4. *Ibid.*, p. 149.

5. *Ibid.*, p. 150.

6. *Ibid.*, p. 151.

7. On peut se rappeler également la conclusion de la note de travail du *Visible et l'invisible* intitulée « Rayons de passé, de monde » et citée plus haut : « En général : les analyses *verbales* de Freud paraissent incroyables parce qu'on les réalise dans un Penseur. Mais il ne faut pas les *réaliser* ainsi. Tout se fait en pensée non-conventionnelle » (*op. cit.*, p. 294).

Sous cette lumière, si l'on considère que, comme je l'ai dit, Freud fait allusion, dans l'article en question, à son essai sur Léonard[1], on pourrait alors soutenir que ce qui inspire une telle reprise est précisément l'orientation de la psychanalyse que Merleau-Ponty critiquait également à propos de cet essai, à savoir l'orientation dans laquelle nous l'avons vu signaler un symptôme culturel de décadence.

En effet, comme nous l'avons indiqué, à son avis une telle orientation réintroduit implicitement une philosophie de la conscience en posant la séparation entre le conscient et l'inconscient[2]. Pour sauvegarder le sens du mot « inconscient » en tant qu'« index d'une énigme »[3], comme le demande Merleau-Ponty dans la « Préface » du livre de Hesnard, cette séparation doit donc nécessairement être évitée. Ici encore, il faut revenir à la note de travail du *Visible et l'invisible* intitulée « Philosophie du Freudisme », où il recommande : « Le ça, l'inconscient – et le moi (*corrélatifs*) à comprendre à partir de la chair »[4].

Lors du colloque de Bonneval consacré à l'inconscient (1959), Merleau-Ponty indique le modèle d'une telle « corrélation » – qui permet de « déceler le négatif dans le positif et le positif dans le

---

1. Il vaut la peine de citer intégralement le passage de *Fétichisme*, à la fin duquel on rencontre la référence allusive à *Un souvenir d'enfance de Léonard de Vinci* : « Pour le dire plus clairement, le fétiche est le substitut du phallus de la femme (de la mère) auquel a cru le petit garçon et auquel – nous savons pourquoi – il ne veut pas renoncer » (S. Freud, *Fétichisme*, art. cit., p. 126).

2. A ce propos, *cf.*, de manière exemplaire, le résumé du cours donné par Merleau-Ponty au Collège de France en 1954-55 sur « Le problème de la passivité : le sommeil, l'inconscient, la mémoire », dans M. Merleau-Ponty, *Résumés de cours, op. cit.*, p. 66 sq. et surtout p. 69-70. Dans la perspective merleau-pontienne, partant, comme l'explique Pontalis, « l'analyse du corps voyant-visible devrait conduire à dépasser l'alternative de l'inconscient et du conscient, elle-même tributaire malgré tout – Freud l'avait déjà noté – d'une philosophie de la conscience » (J.-B. Pontalis, « Présence, entre les signes, absence », *L'Arc*, n. 46, 1971, p. 62).

3. M. Merleau-Ponty, « Préface » de A. Hesnard, *op. cit.*, p. 9.

4. M. Merleau-Ponty, *Le visible et l'invisible, op. cit.*, p. 324 ; je souligne.

négatif »[1] (ce sur quoi il insiste en conclusion de son résumé sur le « Problème de la passivité ») – dans la notion de « grandeur négative » illustrée par Kant[2], étant donné que cette notion permet à son avis de « reconnaître une articulation, une simultanéité de la présence et de l'absence »[3], puisqu'elle consiste précisément dans l'idée d'une implication réciproque du positif et du négatif.

C'est selon une dynamique à mon avis similaire que, dans sa conférence de 1909, Freud décrit le « refoulement partiel » qui engendrerait le fétichisme. A l'inverse, l'orientation qui sous-tend son article de 1927 comporte quelques affirmations auxquelles pourraient convenir les mots que Merleau-Ponty emploie dans sa « Préface » du livre de Hesnard pour revendiquer la continuité de ses remarques critiques sur la psychanalyse : « On refusait, on refuserait toujours de reconnaître au phallus comme partie du corps objectif, comme organe de la miction et de la copulation, pouvoir de causalité sur quantité de conduites. »[4]

---

1. M. Merleau-Ponty, *Résumés de cours*, *op. cit.*, p. 73.
2. *Cf.* I. Kant, *Essai pour introduire en philosophie le concept de grandeur négative* [1763], trad. fr. par J. Ferrari, dans *Œuvres philosophiques*, « Bibliothèque de la Pléiade », Paris, Gallimard, 1980, vol. III, p. 250-301. Je me suis arrêté sur les références de Merleau-Ponty à cet écrit de Kant dans le sixième chapitre de mon livre *La visibilité de l'invisible. Merleau-Ponty entre Cézanne et Proust*, *op. cit.*, p. 151-170.
3. C'est ainsi qu'est formulée la conclusion de l'intervention de Merleau-Ponty dans les discussions du sixième colloque de Bonneval, consacré à l'inconscient, en octobre 1959, d'après le résumé qu'en a rédigé J.-B. Pontalis à la suite de la mort soudaine de son auteur. *Cf.* H. Ey (dir.), *L'inconscient (VIᵉ Colloque de Bonneval)*, Paris, Desclée de Brouwer, 1966, p. 143. A propos de la conception merleau-pontienne du rapport entre conscient et inconscient, et en référence au modèle kantien de la grandeur négative, Gambazzi ne parle pas simplement de « corrélation », mais d'un lien plus profond et essentiel de « co-originarité et de *Zusammengehörigkeit* » (*cf.* P. Gambazzi, « La piega e il pensiero », art. cit., p. 34). C'est donc à travers cette caractérisation de ce concept kantien que Gambazzi suggère (*cf. Ibid.*, p. 35) de lire les considérations de Merleau-Ponty dans la dernière partie de la note de travail du *Visible et l'invisible* consacrée à la « Philosophie du Freudisme » : *cf.* M. Merleau-Ponty, *Le visible et l'invisible*, *op. cit.*, p. 324.
4. M. Merleau-Ponty, « Préface » de A. Hesnard, *op. cit.*, p. 7.

Par contre, poursuit le même passage, de la psychanalyse, « on a appris [...] à discerner un imaginaire du phallus, un phallus symbolique, onirique ou poétique. » [1]

symbolique, onirique et poétique

Ces deux derniers adjectifs reviennent dans la conclusion de l'ultime résumé composé par Merleau-Ponty – relatif au cours, déjà évoqué, sur « Nature et logos : le corps humain » – pour désigner ce qu'il définit à cet endroit comme les « pouvoirs de la chair » [2] : cette chair dont la philosophie est « condition sans laquelle la psychanalyse reste anthropologie » [3], comme nous en avertit à son tour une note de travail du *Visible et l'invisible*.

La chair en effet – puisqu'elle apparente, comme l'on a déjà dit, notre corps à celui d'autrui et aux choses du monde – est parcourue par une « logique d'implication ou de promiscuité » [4] que Merleau-Ponty rend hommage à Freud d'avoir reconnue [5] sans pour autant avoir su toujours la décrire de manière adéquate [6]. Les rêves ainsi que les

1. *Ibid.*
2. *Cf.* M. Merleau-Ponty, *Résumés de cours*, *op. cit.*, p. 179. C'est Marc Richir qui, le premier, a attiré l'attention sur le sens de l'expression « pouvoirs poétiques et oniriques » de la chair dans la réflexion du dernier Merleau-Ponty : *cf.* M. Richir, *op. cit.*, p. 91, 94-95 et surtout 102-103.
3. M. Merleau-Ponty, *Le visible et l'invisible*, *op. cit.*, p. 321.
4. M. Merleau-Ponty, *Résumés de cours*, *op. cit.*, p. 71.
5. *Cf.* aussi la note de travail du *Visible et l'invisible*, citée plus haut, sur la « Philosophie du Freudisme » : « Dans ce que Freud veut indiquer, ce ne sont pas des chaînes de causalité ; c'est, à partir d'un polymorphisme ou amorphisme, qui est contact avec l'Être de promiscuité, de transitivisme, la fixation d'un "caractère" par investissement dans un Étant de l'ouverture à l'Être » (M. Merleau-Ponty, *Le visible et l'invisible*, *op. cit.*, p. 323).
6. « Cette prodigieuse intuition des échanges, [...] cet universel de promiscuité, Freud les décrit quelquefois dans un langage fait sur mesure [...], mais souvent aussi il n'y fait que des allusions dans les termes de la médecine et de la psychologie de son temps »

« associations libres » de la psychanalyse travaillent à cette logique (c'est pourquoi elles ne sont pas à interpréter de manière simplement associationniste), les uns et les autres témoignant du fait qu'il s'agit d'une logique constamment *opérant* dans les relations charnelles que notre corps entretient avec les autres et les choses.

C'est précisément à une telle *fungierende* « logique d'implication ou de promiscuité » que Merleau-Ponty reconduit les caractérisations qu'il en arrive à donner de l'inconscient [1] « comme perception qui est imperception » [2], comme « le sentir lui-même, puisque le sentir n'est pas la possession intellectuelle de "ce qui" est senti, mais dépossession de nous-mêmes à son profit, ouverture à ce que nous n'avons pas besoin de penser pour le reconnaître » [3] : cette « ouverture » − il n'est presque pas la peine de le rappeler − à laquelle la pensée consciente ne peut que demeurer *essentiellement* « corrélée ». Si donc une telle « logique d'implication ou de promiscuité » constitue la trame du sensible dont elle fait le « monde onirique de l'analogie » [4], sur l'autre versant elle révèle comment le pouvoir « poétique » de la chair peut même être un « pouvoir *poïétique* de mondes » [5]. Les pouvoirs poétiques et oniriques *de la chair* − pouvoirs qui donc *ne nous appartiennent pas* − sont en somme des *pouvoirs de symbolisation primordiale*, en vertu desquels les choses et les autres dont nous faisons l'expérience peuvent acquérir une *dimension* (au

---

(M. Merleau-Ponty, « Préface » de A. Hesnard, *op. cit.*, p. 6), mais *cf.* aussi la critique à l'égard de la conception freudienne de l'inconscient dans *Le visible et l'invisible*, cit., p. 285.

1. « L'inconscient est conscience perceptive, procède comme elle par une logique d'implication ou de promiscuité » (M. Merleau-Ponty, *Résumés de cours, op. cit.*, p. 71).

2. M. Merleau-Ponty, *Notes de cours 1959-1961*, *op. cit.*, p. 149-150, mais *cf.* aussi son intervention, déjà rappelée, éditée dans H. Ey (dir.), *L'inconscient (VIe Colloque de Bonneval)*, *op. cit.*

3. M. Merleau-Ponty, *Résumés de cours*, *op. cit.*, p. 179.

4. *Cf.* M. Merleau-Ponty, *L'œil et l'esprit*, *op. cit.*, p. 41.

5. M. Richir, *op. cit.*, p. 102.

sens que Merleau-Ponty attache à ce terme) et une temporalité mythique, se sédimentant dans notre inconscient. C'est pourquoi Merleau-Ponty caractérise ce dernier comme « structure archaïque », non seulement dans la note sur Claude Simon citée plus haut, mais aussi dans la « Préface » du livre de Hesnard, où une expression analogue – « conscience archaïque ou primordiale »[1] – apparaît lorsque Merleau-Ponty synthétise sa propre interprétation précédente de la psychanalyse, par rapport à laquelle il manifeste ainsi un élément important de continuité.

Même « nos relations de la veille avec les choses et surtout avec les autres – écrit-il donc dans le résumé de son cours sur le « Problème de la passivité » – ont par principe un caractère onirique : les autres nous sont présents comme des rêves, comme des mythes »[2]. En effet, les pouvoirs poétiques et oniriques de la chair sont aussi des pouvoirs *mythopoïétiques*[3] qui, comme tels, introduisent une *mythicité opérante* dans la « logique d'implication ou de promiscuité » par laquelle nos relations avec les autres et les choses sont continuellement animées.

Tout comme dans le cas du milan noir pour Léonard, dans notre expérience ces pouvoirs sont investis dans certains étants à travers lesquels nous nous ouvrons à l'Être et qui, pour cette raison, en deviennent des « emblèmes »[4] : figures non pas d'une *origine* s'étant produite dans le passé une fois pour toutes, mais d'un « originaire » qui, bien que soumis au « mouvement rétrograde du vrai », *opère*

---

1. M. Merleau-Ponty, « Préface » de A. Hesnard, *op. cit.*, p. 5.
2. M. Merleau-Ponty, *Résumés de cours*, *op. cit.*, p. 69.
3. Platon caractérisait déjà, du reste, le *mythologein* comme « une activité qui entre dans le domaine de la *poiesis* », comme le rappelle F. Jesi, *Mito*, *op. cit.*, p. 14, citant à ce propos *République*, III, 392 a.
4. *Cf.* M. Merleau-Ponty, *Le visible et l'invisible*, *op. cit.*, p. 323.

dans un éclatement « qui est à jamais » [1], enveloppant nos relations avec les autres et les choses d'un halo mythique décisif et inextinguible. Pour cette raison, notre expérience ne cessera de reprendre de façon créative ces emblèmes comme s'ils étaient – on le lisait dans *Le doute de Cézanne* – « la parole de l'augure » [2], laquelle n'est rien d'autre, au fond, que la parole du mythe [3]. C'est dans cette perspective que Merleau-Ponty écrit, dans la « Préface » du livre de Hesnard, que la psychanalyse « nous a rendu nos mythes » [4]. C'est même en cela que, dans les notes de cours qu'il lui consacre, Merleau-Ponty voit la contribution que la psychanalyse peut apporter à une issue non nihiliste de cette « crise » dont elle est en même temps l'un des « symptômes » : « [la psychanalyse] peut être approfondissement, enrichissement de la culture ou aggravation de la crise, selon qu'elle accentue l'esprit objectiviste et technicien dont elle procède [...] ou qu'elle est cet esprit reconnaissant ses limites, redécouverte de notre archéologie comme n'étant pas faite de décisions du moi ou d'*Erlebnisse* de la conscience – Temps mythique = temps d'avant le temps ou d'avant les choses, et toujours présent » [5].

Si donc la crise de notre époque peut avoir une issue positive, cela voudra dire, entre autres, que – comme le suggère Merleau-Ponty dans ces lignes – la psychanalyse aura su reconfigurer le patrimoine mythique de la tradition occidentale en des termes qui nous permettent de continuer à le considérer comme nôtre.

---

1. Cf. *Ibid.*, p. 318, ainsi que le commentaire de la note de travail du *Visible et l'invisible* sur la « Philosophie du Freudisme » que donne, en se référant à ces thèmes, F. Ciaramelli, art. cit., p. 230-231.
2. M. Merleau-Ponty, *Le doute de Cézanne*, dans *Sens et non-sens, op. cit.*, p. 42.
3. Au moins selon la caractérisation que F. Jesi donne du mythe homérique : cf. *supra*, p. 60, note 1.
4. M. Merleau-Ponty, « Préface » de A. Hesnard, *op. cit.*, p. 8.
5. M. Merleau-Ponty, *Notes de cours 1959-1961, op. cit.*, p. 155.

comment peut-on reconnaître ce qu'on ne connaissait pas ?
Mnèmosynè et l'art du xxᵉ siècle

> « *Cette découverte [...] du vrai [...] aboutit à une sorte de reconnaissance, à un "je l'avais toujours su"* ».
>
> (Jean Hyppolite)

« "je ne savais pas" et "je l'ai toujours su" »

« "Je ne savais pas" et "je l'ai toujours su" » : c'est par cette « double formule » que Maurice Merleau-Ponty caractérise la notion freudienne d'inconscient[1] lorsqu'il théorise son identification au sentir[2], dans le dernier cours qu'il a pu mener à son terme au Collège de France, « Nature et Logos : le corps humain »[3], auquel j'ai fait référence plusieurs fois.

---

1. *Cf.* M. Merleau-Ponty, *Résumés de cours*, *op. cit.*, p. 179.
2. « L'inconscient est le sentir lui-même » (*Ibid.*).
3. A propos de cette « double formule », dans la note préparatoire de ce cours où elle est évoquée, Merleau-Ponty rappelle allusivement Jean Hyppolite (cf. M. Merleau-Ponty, *La Nature*, *op. cit.*, p. 351), dont l'influence sur son interprétation de la pensée de Hegel est bien connue et dont on sait aussi qu'il a été l'un des maîtres de Gilles Deleuze. Merleau-Ponty semble se référer au texte d'une conférence donnée par Hyppolite à Londres en 1959 et intitulée *Philosophie et psychanalyse* (*cf.* J. Hyppolite, *Philosophie et psychanalyse*, désormais dans *Figures de la pensée philosophique*, Paris, P.U.F., 1971, t. 1, p. 406-442), où les termes employés dans la « double formule » reviennent plusieurs fois : cf. *Ibid.*, p. 408 (d'où l'exergue du présent chapitre est tiré), 414, 416 et 442.

Cette formule rappelle inévitablement, par ailleurs, la théorie platonicienne de la réminiscence. On trouve en effet un *locus classicus* pour la fondation d'une telle théorie dans les pages du *Ménon* introduites par le problème posé à Socrate par le personnage qui donne son nom au dialogue : *comment est-il possible de rechercher ce qu'on ignore complètement, et comment est-il possible de le reconnaître dans le cas où on le trouverait ?* En d'autres termes, le problème soulevé concerne la possibilité de reconnaître ce qui n'était pas déjà connu en tant que tel, soit parce que son modèle (*paradeigma*) n'a pas été contemplé au préalable, soit parce que ce modèle diffère de l'image qu'il nous est donné de rencontrer. À la limite, ce problème est donc celui de savoir si une reconnaissance non garantie par la ressemblance à un modèle est possible et, par là même, si une ressemblance produite, non pas par l'imitation, mais par la différence est possible. Or ce problème s'avère justement être de ceux qui caractérisent proprement l'art et la littérature du xxe siècle [1].

En répondant aux questions posées par Ménon, Socrate développe la théorie selon laquelle apprendre signifie en réalité se remémorer. Il le fait tout d'abord en faisant montre de la déduire de la croyance en la métempsycose, puis en l'illustrant par l'interrogation d'un esclave de Ménon lui-même [2]. Au cours de la première argumentation Socrate observe que « rien n'empêche qu'en se remémorant une

---

1. « Je regarde les portraits de Bacon et je suis étonné que, malgré leur "*distorsion*", ils ressemblent tous à leur modèle. Mais comment une image peut-elle ressembler à un modèle dont consciemment, programmatiquement, elle est une distorsion ? Pourtant, elle lui ressemble ; les photos des personnes portraiturées le prouvent ; et même si je ne connais pas ces photos il est évident que dans tous les cycles, dans tous les triptyques, les différentes déformations du visage se ressemblent, qu'on y reconnaît une seule et même personne » (M. Kundera, « Le geste brutal du peintre », présentation de F. Bacon, *Portraits et autoportraits*, Paris, Les Belles Lettres, 1996, p. 11). Autrement dit, comment est-il possible de *reconnaître*, par ses différentes déformations, un visage *jamais vu auparavant ?* De cette manière la question de Kundera rejoint celles de Ménon.

2. *Cf.* respectivement Platon, *Ménon*, 80 d-81 e et 81 e-86 c.

seule chose, ce que les hommes appellent précisément "apprendre", on ne redécouvre toutes les autres » [1]. Il explique que cela peut se produire dans la mesure où la Nature est faite de « parties apparentées [συγγενές] » [2] : c'est justement ce trait — que l'on peut définir aussi comme « organique » — qui permet à celui qui en aurait remémoré un aspect de deviner les autres.

Cette argumentation présuppose entre la partie et le tout un rapport qui est formalisé par Gilles Deleuze de la manière suivante : « Lorsqu'une partie vaut pour elle-même, lorsqu'un fragment parle en lui-même, lorsqu'un signe s'élève, ce peut être de deux manières très différentes : ou bien parce qu'il permet de deviner le tout dont il est extrait, de reconstituer l'organisme ou la statue auxquels il appartient, et de rechercher l'autre partie qui s'y adapte — ou bien au contraire, parce qu'il n'y a pas d'autre partie qui lui corresponde, pas de totalité où il puisse entrer, pas d'unité dont il soit arraché et à laquelle il puisse être rendu. La première manière est celle des Grecs » [3].

Comme nous avons déjà eu l'occasion de le voir dans le deuxième chapitre, l'autre manière décrite par Deleuze est celle qu'il discerne dans la *Recherche* proustienne et qu'il détermine comme « *antilogos* », en soulignant ainsi, en particulier, le contraste avec la tradition du platonisme.

La direction que prend la pensée de Merleau-Ponty dans sa maturité semble pourtant échapper à ces deux alternatives. Nous savons que la réflexion qu'il consacre précisément au « concept de Nature » considère comme cruciale la question des rapports entre la partie et le

---

1. Platon, *Ménon*, 81 d, trad. fr. par M. Canto-Sperber, Paris, GF-Flammarion, 1991, p. 153 *sq.*

2. *Ibid.* A ce sujet *cf.* la note de M. Canto-Sperber, *Ibid.*, p. 259, note 124.

3. G. Deleuze, *Proust et les signes, op. cit.*, p. 136.

tout [1]. Mais, s'agissant de la pensée grecque, il ne va pas au-delà d'une référence à l'expression ὁμοῦ ἦν πάντα (« tout était ensemble ») qu'Aristote attribue à Anaxagore [2]. Pour ce dernier — précisément comme cette expression semble l'attester — « la réalité, donc, est tout ensemble une et infinie, constituée de semences vitales infinies, infiniment riche, *se possédant tout entière elle-même dans chacune de ses parties* » [3].

La référence à Anaxagore révèle alors ses implications : la direction de pensée de l'idée sensible que poursuit ici Merleau-Ponty rejoint et confirme celle à propos de laquelle nous avons déjà noté l'influence de la conceptualisation leibnizienne de la « partie totale » [4], laquelle ne considère pas le fragment comme *la partie d'un tout*, mais, à l'instar de ce qu'on a lu chez Anaxagore, affirme plutôt que *le tout est dans chaque partie* [5].

Ainsi, une note de travail du *Visible et l'invisible* que nous avons déjà rappelée observe comment, dans le monde sensible, la partie, alors qu'elle s'offre comme telle, assume *simultanément* la « dimension » d'un universel [6]. « Le "Monde" est cet ensemble où chaque "partie" *quand on la prend pour elle-même* ouvre soudain des dimensions illimitées, — devient *partie totale* » [7], écrit Merleau-Ponty. En effet, « le

---

1. Cf. *supra*, p. 30, note 3, et le texte concerné.

2. *Cf.* Aristote, *Physique* I, 4, 187 a 30. Pour le renvoi merleau-pontien à cette expression, *cf.* M. Merleau-Ponty, *Le visible et l'invisible, op. cit.*, p. 270 ainsi que *Signes, op. cit.*, p. 226, et *Notes de cours 1959-1961, op. cit.*, p. 85.

3. F. Adorno, *La filosofia antica*, Milano, Feltrinelli, 1961, p. 88 ; je souligne.

4. *Cf.* en particulier P. Gambazzi, « Monadi, pieghe, specchi. Sul leibnizianesimo di Merleau-Ponty e Deleuze », art. cit., p. 27-50.

5. Gambazzi écrit, en se référant à l'interprétation husserlienne de Leibniz : « Ici la "partie", en tant que singularité, est le tout : la monade se définit selon la totalité du monde "captée" dans cette même singularité » (*Ibid.*, p. 35).

6. « Le jaune, *à la fois* se donne comme un *certain* être et une *dimension*, l'expression *de tout être possible* » (M. Merleau-Ponty, *Le visible et l'invisible, op. cit.*, p. 271 ; la première italique est de moi).

7. *Ibid.*, la première italique est de moi.

propre du sensible (comme du langage) est d'être représentatif du tout non par rapport signe signification ou *par immanence des parties les unes aux autres et au tout*, mais parce que chaque partie est *arrachée* au tout, vient avec ses racines, empiète sur le tout, transgresse les frontières des autres. [...] C'est ainsi que le sensible m'initie au monde, comme le langage à autrui : par empiétement, *Überschreiten*. La perception est non perception de *choses* d'abord, mais perception des *éléments* (eau, air...) de *rayons du monde*, de choses qui sont des dimensions, qui sont des mondes, je glisse sur ces "éléments" et me voilà dans le *monde*, je glisse du "subjectif" à l'Être »[1].

Cette conception des rapports de la partie au tout ne comporte dès lors pas l'exigence – qui est par contre posée par Platon – de rappeler au préalable au moins un fragment de l'être pour pouvoir y relier, *de manière organique*, tout savoir ultérieur. La dimensionnalisation du particulier en universel décrite par Merleau-Ponty se fonde, en effet, non sur une réminiscence (qu'elle semble pourtant impliquer par la suite), mais plutôt sur « le propre du sensible (comme du langage) » – en tant que tous deux se révèlent être des systèmes généraux d'équivalences – et elle s'*anticipe* donc déjà dans la *première* rencontre avec eux. On peut donc interpréter en termes d'« anticipation » la phrase par laquelle se conclut la note de travail considérée ici : « Cette universalité du sensible [...] = le sensible creusé dans l'être sans restriction, cet Être qui est *entre* [...] mon passé et mon présent »[2].

Concernant la valeur d'anticipation reconnue par Merleau-Ponty au *commencement*, ce qu'il écrit à la même époque à propos de la musique se révèle encore une fois particulièrement éclairant, lorsqu'il la décrit « comme modèle de la signification » : « En écoutant une musique belle : impression que ce mouvement qui

1. *Ibid.*, la première italique est de moi.
2. M. Merleau-Ponty, *Le visible et l'invisible, op. cit.*, p. 272.

commence est déjà à son terme, qu'il va avoir été, ou s'enfoncer dans l'avenir que l'on tient aussi bien que le passé – quoiqu'on ne puisse dire exactement ce qu'il sera. Rétrospection anticipée – Mouvement rétrograde *in futuro* : il descend vers moi tout fait » [1]. Merleau-Ponty exprime certainement ici, encore une fois, ce *pathos* de l'inchoatif vers lequel il a été attiré dès ses premières œuvres [2]. D'autre part, il rend ici explicite que si on peut reconnaître le *tout* dans la *partie* rencontrée au *commencement*, cela se produit précisément en vertu de ce « mouvement rétrograde *in futuro* » qui, comme tel, préfigure déjà – et donc implique – la *reprise* de l'anticipation.

La conception que nous venons de considérer évite donc le problème de la régression à l'infini auquel semble par contre conduire la déduction platonicienne de la théorie de la réminiscence à partir de la croyance en la métempsychose. « En effet – explique Koyré – dans toute existence antérieure le problème du savoir (de l'acquisition du savoir) se poserait exactement de la même manière que dans notre existence actuelle » [3]. Koyré précise par ailleurs que Platon lui-même « souligne le caractère *mythique* de la doctrine [*i.e.* : de la métempsychose] et indique très nettement qu'elle ne résout rien » [4].

---

1. M. Merleau-Ponty, « Deux notes inédites sur la musique », *Chiasmi International*, n. 3, 2001, p. 17.

2. C'est ce *pathos* de l'inchoatif qui fait, à mon avis, problème dans la notion de « *Cogito* tacite » et, par conséquent, dans la relation entre le silence et la parole décrite dans la *Phénoménologie de la perception*. C'est lui qui dicte, donc, les motifs de l'autocritique contenue dans quelques notes de travail du *Visible et l'invisible*. On peut en effet rappeler ici que la *Phénoménologie de la perception* définit la *parole parlante* précisément comme « parole originaire, – celle de l'enfant qui prononce son premier mot, de l'amoureux qui découvre son sentiment, celle du "premier homme qui ait parlé", ou celle de l'écrivain et du philosophe qui réveillent l'expérience primordiale en deçà des traditions » (M. Merleau-Ponty, *Phénoménologie de la perception*, *op. cit.*, p. 208, note 1 ; voir également p. 207, note 2).

3. A. Koyré, *Introduction à la lecture de Platon*, New York, Brentano's, 1944, Paris, Gallimard, 1962, p. 25-26, note 3.

4. *Ibid.*

En effet, « l'*anamnèsis* platonicienne nous fait retrouver des connaissances que notre âme possède en propre, depuis toujours » [1]. L'anamnèse platonicienne confirme ainsi sa propre consonance avec la « double formule » de l'inconscient citée au début du présent chapitre : « "Je ne savais pas" et "je l'ai toujours su" ». Pour mieux comprendre le sens de ce « toujours » (que Koyré explicite comme « *depuis* toujours », ainsi que nous venons de le voir), tournons-nous vers les réflexions menées par Socrate après qu'il a conduit, par le moyen de ses questions, un esclave de Ménon à « découvrir une proposition fondamentale de la géométrie » [2].

A la lumière de la conclusion positive de son expérience maïeutique, Socrate invite Ménon à admettre avant tout que, précisément comme dans la formule évoquée par Merleau-Ponty à propos de l'inconscient freudien, les pensées exprimées par l'esclave « étaient [...] en lui » [3] « et pourtant il est vrai qu'il ne savait pas » [4] : « Chez l'homme qui ne sait pas, il y a donc des opinions vraies sur les choses qu'il ignore » [5].

Ménon ne peut alors que se déclarer d'accord avec ce que lui demande Socrate : « mais le fait de recouvrer en soi-même une connaissance, n'est-ce pas se la remémorer ? » [6]. Et puisque Ménon lui-même assure que ce souvenir ne peut se référer à une opinion transmise à l'esclave durant sa vie actuelle, Socrate le mène à conclure que l'esclave « la possédait en un autre temps, l'ayant déjà apprise » [7], ce temps étant supposé être « celui dans lequel il n'était pas un être humain » [8]. Mais peut-on supposer un temps caractérisé

1. *Ibid.*
2. *Ibid.*, p. 26.
3. Platon, *Ménon*, 85 b-d, trad. fr. cit., p. 168-169.
4. *Ibid.*
5. *Ibid.*
6. *Ibid.*
7. *Ibid.*, 86 a, trad. fr. cit., p. 170.
8. *Ibid.*

de cette manière ? Et comment faut-il le concevoir ? Socrate insiste de toute façon : « Si, durant tout le temps qu'il est un homme et tout le temps qu'il ne l'est pas, des opinions vraies doivent se trouver en lui, opinions qui, une fois réveillées par une interrogation, deviennent des connaissances, son âme ne les aura-t-elle pas apprises de tout temps [τὸν ἀεὶ χρόνον] ? Car il est évident que la totalité du temps, c'est le temps où soit on est un être humain, soit on ne l'est pas » [1].

Socrate en arrive ainsi à conclure que « l'âme doit être immortelle », puisque « la vérité des êtres » habite en elle – répète-t-il – « depuis toujours [ἀεί] » [2]. Le temps sur lequel nous attirons l'attention ici retrouve par là même son nom grec : *aiôn*.

réminiscence et idée

Dans une note de son tout dernier cours au Collège de France, intitulé « L'ontologie cartésienne et l'ontologie d'aujourd'hui », Merleau-Ponty fait une remarque qui vise probablement à relier les idéalités examinées par Husserl dans *L'origine de la géométrie* [3] aux « idées musicales » décrites par Proust. A propos de ces dernières, il écrit en effet : « latentes en nous même quand nous n'y pensons pas exactement comme la signification du théorème de Pythagore » [4]. Pourtant, cette phrase peut également évoquer un lien entre la caractérisation proustienne des ces idées – des idées sensibles, en somme – et la

1. *Ibid.*, p. 170-171.
2. *Ibid.*, 86 b, p. 171.
3. *Vom Ursprung der Geometrie* [1936] était en effet l'un des textes husserliens commentés par Merleau-Ponty dans le cadre du cours intitulé « Husserl aux limites de la phénoménologie », qui précède d'une année celui que je considère ici. Pour les notes préparatoires relatives à ce cours, *cf.* M. Merleau-Ponty, *Notes du cours sur « L'origine de la géométrie »*, *op. cit.*, p. 11-92.
4. M. Merleau-Ponty, *Notes de cours 1959-1961*, *op. cit.*, p. 195.

caractérisation platonicienne des connaissances possédées inconsciemment par l'esclave de Ménon[1]. Suggérant une interprétation phénoménologique – avec des implications *antiplatoniciennes* évidentes – non seulement du morceau proustien sur lequel on s'est arrêté ici dès le premier chapitre, mais également du passage de Platon, cette phrase semble en somme faire résonner en toutes deux une référence aux essences telles qu'elles s'esquissent pour nous à un niveau opérant où elles anticipent la thématisation à laquelle notre intentionnalité d'acte les soumet, comme il arrive pour les essences de l'horizontal et du vertical qui peuplent notre expérience, où nous apprenons à les reconnaître bien avant de les trouver classifiées dans un manuel de géométrie[2]. L'intervention maïeutique de Socrate

1. A son tour, Koyré, qui comme historien de la philosophie a par ailleurs subi ouvertement l'influence de la phénoménologie husserlienne, synthétise ainsi son interprétation des pages du *Ménon* considérées jusqu'ici : « La théorie de la réminiscence nous explique justement que la situation – effectivement impossible – de chercher ce qu'on ignore totalement ne se réalise jamais. En fait on recherche toujours ce qu'on sait déjà. On cherche à rendre conscient un savoir inconscient, on cherche à se ressouvenir d'un savoir oublié » (A. Koyré, *Introduction à la lecture de Platon*, op. cit., p. 25). Pour une information introductive sur les rapport de Koyré et de la phénoménologie, *cf.* H. Spiegelberg, *The Phenomenological Movement*, The Hague, Martinus Nijhoff, 1982[3], p. 239.
2. « Ainsi, dans la perception, la verticale et l'horizontale sont données partout et ne sont présentes nulle part » (M. Merleau-Ponty, *La Nature*, op. cit., p. 240). Les implications antiplatoniciennes de l'interprétation suggérée ici se trouvent d'ailleurs déjà indiquées dans le résumé d'un cours tenu par Merleau-Ponty au Collège de France en 1952-1953 : « Toute perception n'est perception de quelque chose qu'en étant aussi relative imperception d'un horizon ou d'un fond, qu'elle implique, mais ne thématise pas. La conscience perceptive est donc indirecte ou même inversée par rapport à un idéal d'adéquation qu'elle présume, mais qu'elle ne regarde pas en face. Si le monde perçu est ainsi compris comme un champ ouvert, il serait aussi absurde d'y réduire tout le reste que de lui superposer un ″univers des idées″ qui ne lui dût rien. Il y a bien renversement quand on passe, du monde sensible où nous sommes pris, à un monde de l'expression où nous cherchons à capter et rendre disponibles les significations, mais ce renversement et le ″mouvement rétrograde″ du vrai sont appelés par une anticipation perceptive. L'expression proprement dite, telle que l'obtient le langage, reprend et amplifie une autre expression qui se dévoile à l'″archéologie″ du monde perçu » (M. Merleau-Ponty, *Résumés de cours*, op. cit., p. 12-13).

consisterait alors à solliciter, de l'esclave de Ménon, une « reprise créatrice » de sa propre expérience, de manière à faire passer l'intentionnalité de l'état opérant à la thématisation d'« une proposition fondamentale de la géométrie ».

Dans son livre sur Proust, Deleuze considère, quant à lui, que l'auteur de la *Recherche* s'écarte de manière *essentielle* de la démarche platonicienne[1] en esquissant « une conception tout à fait nouvelle ou moderne de la réminiscence »[2] – et précisément, dès le début du présent chapitre, j'ai souligné le fait que la question de la réminiscence est intimement liée aux problèmes qui sont au centre de l'art et de la littérature du XXe siècle.

Dans son interprétation, Deleuze observe comment Platon montre que l'idée est le « point d'arrivée de la réminiscence »[3]. Deleuze explique que « l'Idée est toujours "avant", toujours présupposée, même quand elle n'est découverte qu'après »[4], car elle constitue « l'Essence stable, la chose en soi séparant les contraires, introduisant dans le tout la juste mesure »[5], et offre ainsi au réel la garantie d'un *logos* fondé métaphysiquement. Il poursuit en disant que c'est précisément de ce *logos* préliminaire que Platon – de manière cohérente par rapport à la culture dont il est issu – voit la recomposition dans la réminiscence. Il souligne alors comment, dans cette manière de poser le problème, la réminiscence se révèle être un « point de départ » qui « ne vaut que par sa capacité d'*imiter* déjà le *point d'arrivée* »[6]. Ainsi émerge à nouveau le paradoxe de la « double formule » : « Je ne savais pas » et « je l'ai toujours su ». En effet, lorsqu'il use du terme « imiter » relativement au « point d'arrivée »

1. *Cf.* G. Deleuze, *Proust et les signes, op. cit.*, p. 131-139.
2. *Ibid.*, p. 138.
3. *Ibid.*, p. 132.
4. *Ibid.*
5. *Ibid.*
6. *Ibid.*, je souligne.

Deleuze entend de toute évidence nous rappeler que Platon se réfère à ce point d'arrivée — l'idée — précisément comme un « toujours "avant" », c'est-à-dire, par des renvois explicites au champ artistique, en tant que modèle. Le terme grec *paradeigma* est en effet utilisé par Platon aussi bien pour le modèle du peintre ou du sculpteur[1] que pour l'exemplaire divin des choses terrestres[2]. Ainsi le lien intime entre la question de la réminiscence et celle de l'art confirme sa prégnance : selon une tradition qui trouve ses fondements précisément dans la pensée platonicienne, la réminiscence et l'art sont considérés en effet comme partant de modèles qui s'avèrent être également les points d'arrivée auxquels va être mesurée leur capacité d'imitation.

D'autre part, Deleuze juge que la « conception tout à fait nouvelle ou moderne de la réminiscence » proposée par Proust trouve une expression particulièrement efficace dans une phrase de Chateaubriand, qu'il cite en introduisant les pages dans lesquelles les considérations du Narrateur de la *Recherche* sur le mystère de la reconnaissance touchent leur point culminant, à savoir celles du *bal des têtes*[3]. Voici la phrase dont le Narrateur proustien déclare qu'elle est parmi les plus belles des *Mémoires d'Outre-tombe* : « Une odeur fine et suave d'héliotrope [...] ne nous était point apportée par une brise de la patrie, mais par un vent sauvage de Terre-Neuve, *sans relation avec la plante exilée, sans sympathie de réminiscence et de volupté* »[4]. Deleuze commente ainsi : « Comprenons qu'il n'y a pas ici réminiscence platonicienne, précisément parce qu'il n'y a pas sympathie comme réunion en un tout, mais que le messager est lui-même une partie hétéroclite qui ne s'apparie pas à son message ni à

---

1. *Cf.* Platon, *Timée*, 28 c, *République*, 500 e, *et alibi*.
2. *Cf.* Platon, *République*, 592 b.
3. *Cf.* M. Proust, *Le temps retrouvé*, éd. cit., p. 499 *sq.*
4. *Ibid.*, p. 498, c'est Deleuze qui souligne.

celui qui l'envoie » [1]. En somme, pour Deleuze, la Nature qu'évoque la phrase de Chateaubriand n'est pas faite de « parties apparentées ». Ce n'est donc pas à un être de ce genre ni aux idées dans lesquelles il se fonde que, dans l'exemple considéré, la réminiscence peut se référer en tant que son propre modèle et son « point d'arrivée », c'est pourquoi sa valeur n'est pas mesurée à sa capacité de les *imiter*. Privée de la garantie d'une référence à un être « apparenté » (la nature organique), la réminiscence intervient alors comme « partie hétéroclite » – c'est-à-dire comme renvoyant à des racines multiples – « unifiant » une « chaîne associative » à son tour « hétéroclite », *dont elle crée ainsi le modèle en tant que son propre point d'arrivée* [2]. C'est par ce biais que la « conception tout à fait nouvelle ou moderne de la réminiscence » révèle son lien intime avec les termes dans lesquels se formule, *à la même époque*, la question de l'art.

Par ailleurs, nous avons vu que cette conception affirme le *caractère par essence créatif* de la réminiscence, revendiquant par là même sa valeur anti-platonicienne : « Il ne s'agit plus de dire : créer, c'est se ressouvenir – mais se ressouvenir, c'est créer [...]. Se re-souvenir, c'est créer, non pas créer le souvenir, mais créer l'équivalent spirituel du souvenir encore trop matériel » [3] : cet équivalent spirituel qui en est précisément l'*idée* [4]. Le caractère essentiellement créatif de la

1. G. Deleuze, *Proust et les signes, op. cit.*, p. 137-138.

2. « Il en est toujours ainsi chez Proust, et c'est sa conception tout à fait nouvelle ou moderne de la réminiscence : une chaîne associative hétéroclite n'est unifiée que par un point de vue créateur, qui joue lui-même le rôle de partie hétéroclite dans l'ensemble » (*Ibid.*, p. 138).

3. *Ibid.*, p. 134.

4. Deleuze souligne dès lors comment la nouveauté de la conception proustienne de la réminiscence est, de toute évidence, intimement liée à une caractérisation de l'idée qui est également nouvelle par rapport à la conception platonicienne : « l'essence, de son côté, n'est plus l'essence stable, l'idéalité vue, qui réunit le monde en un tout et y introduit la juste mesure. L'essence selon Proust [...] n'est pas quelque chose de vu, mais une sorte de *point de vue* supérieur. Point de vue irréductible, qui signifie à la fois la naissance du monde

réminiscence dans sa « conception nouvelle ou moderne » consiste alors dans la *création de l'idée*, qui ne peut donc plus être posée comme modèle *préliminaire*.

réminiscence et « passé pur »

On sait que les pages de *Proust et les signes* où Deleuze propose l'interprétation qu'on vient d'examiner ont été incluses dans l'ouvrage à l'occasion de l'édition du 1970. On sait aussi que deux ans auparavant, dans *Différence et répétition*, Deleuze avait déjà établi que « la réminiscence ne nous renvoie pas simplement d'un présent actuel à d'anciens présents »[1]. En effet, dans cet ouvrage, l'exemple proustien de la saveur du thé et de la madeleine qui fait surgir « l'en-soi de Combray »[2] montrait déjà comment la réminiscence évoque plutôt un « passé qui n'a jamais été présent », qui est alors défini comme étant « l'élément pur du passé, comme passé en général, comme passé *a priori* »[3]. En d'autres termes, ce « passé pur » est le passé compris en tant que *dimension* où chaque présent pourra se situer une fois révolu, et que nous aurions tendance à confondre avec ces derniers si précisément la réminiscence ne parvenait pas à « le sauver *pour nous* »[4].

C'est en reconnaissant précisément cette propriété à la réminiscence, souligne Deleuze, que « Proust reprend, relaie Bergson »[5] ; mais, précise-t-il tout de suite après, « il semble que la réponse ait

et le caractère original d'un monde » (*Ibid.*, p. 133). A ce propos, je me permets de renvoyer au deuxième chapitre du présent travail.
1. G. Deleuze, *Différence et répétition, op. cit.*, p. 115.
2. *Ibid.*
3. *Ibid.*, p. 110.
4. *Ibid.*, p. 115.
5. *Ibid.*

été donnée depuis très longtemps » [1], puisque la réminiscence « désigne en effet une synthèse passive ou une mémoire involontaire, qui diffère en nature de toute synthèse active de la mémoire volontaire » [2].

Dans l'édition de *Proust et les signes* publiée deux ans plus tard, donc, on a vu comment Deleuze porte l'accent sur l'élément décisif de *nouveauté* que la conception de la réminiscence élaborée dans la *Recherche* introduit à son avis par rapport à la conception platonicienne. Dans le passage de *Différence et répétition* cité ci-dessus, il souligne pourtant un élément non moins fondamental de *continuité* qui relie à la conception proustienne une « réponse » déjà fournie « il y a très longtemps », en un temps qui semble remonter jusqu'à l'époque de Platon : la réminiscence renvoie au passé en tant que *dimension*, ce qui la distingue donc *essentiellement* des caractères du souvenir volontaire.

Il est par ailleurs important de relever la convergence entre l'élément de continuité indiqué par Deleuze et l'analogie que la note de cours de Merleau-Ponty citée précédemment peut suggérer entre la caractérisation proustienne des essences et celle esquissée dans le *Ménon* de Platon. A ce propos, en effet, nous avons lu que la phrase merleau-pontienne renvoie à la notion phénoménologique d'intentionnalité opérante (ou « latente », selon le vocabulaire qui apparaît précisément ici). A son tour, le passage de Deleuze désigne l'événement de la réminiscence dans les termes husserliens de « synthèse passive ». Que ce soit dans un cas ou dans l'autre, donc, la consonance reconnaissable entre les développements de Platon et de Proust est reconduite à ce que la phénoménologie désigne comme *passivité originaire*.

1. *Ibid.*
2. *Ibid.*

En particulier, on a pu observer comment Deleuze, entrecroisant le lexique de la phénoménologie à la contribution décisive de Bergson, reconduit à une telle passivité irréductible la constitution de ce « passé pur » que la réminiscence préserve pour nous – à son avis – non seulement selon la conception que Proust nous en donne, mais déjà selon une « réponse [...] donnée il y a très longtemps ». En effet, dans les caractères du « passé pur », il semble que l'on puisse véritablement reconnaître les traits de ce que nous avons vu Platon appeler « τὸν ἀεὶ χρόνον », le temps du *toujours* [1]. La constitution de l'*aiôn* serait alors reconductible à la passivité originaire, et il se révélerait ainsi ce « temps mythique » auquel est consacré le deuxième chapitre de ce travail.

Par ailleurs, puisque le passé sauvé pour nous par la réminiscence possède, comme nous l'avons entendu, un caractère « pur », il sera constitué par une synthèse passive à laquelle on ne pourra qu'accorder une valeur « transcendantale » [2]. C'est à celle-ci – en laquelle, selon Deleuze, la synthèse active de la mémoire volontaire trouve son fondement – qu'il donne le nom même de la divinité grecque de la mémoire, *Mnèmosynè* [3].

---

1. Remo Bodei relie également cette temporalité particulière explorée par Bergson et par Proust à la notion d'*aiôn*, dont il rappelle plutôt l'acception donnée par Plotin (« ce qui est, non pas un temps infini, mais *zôè*, la vie qui dans son devenir se maintient et s'accroît »), qui lui permet de souligner des caractères du temps du « toujours » qui convergent avec ceux qui émergent dans le présent chapitre (*cf.* R. Bodei, « Risorgere da se stessi : Bergson e Proust », dans *Destini personali. L'età della colonizzazione delle coscienze*, Milano, Feltrinelli, 2002, ici p. 128, mais aussi p. 343, note 10).

2. G. Deleuze, *Différence et répétition*, *op. cit.*, p. 110.

3. Cf. *Ibid.*, p. 108.

histoire de *mnèmosynè*

Un essai de Jean-Pierre Vernant, intitulé de manière significative « Aspects mythiques de la mémoire » [1], nous aidera à éclairer quelques-uns des motifs pour lesquels Deleuze baptise cette synthèse passive transcendantale du nom de *Mnèmosynè*. Cet essai distingue trois phases essentielles dans la transformation subie par la conception de la mémoire chez les Grecs depuis l'époque archaïque jusqu'au temps d'Aristote (et nous verrons que dans *Mnèmosynè*, telle qu'elle est décrite par Deleuze, on peut sans doute retrouver certains caractères qui lui appartenaient précisément à l'époque archaïque). Entre le douzième et le huitième siècle avant J.-C., à une époque où l'écriture est le privilège de quelques initiés et où se déploient la poésie d'Homère et celle d'Hésiode, la mémoire apparaît en effet non seulement au sommet de la hiérarchie des facultés, sacralisée sous le nom de *Mnèmosynè*, mais de plus, cette dernière est désignée comme la « mère des Muses dont elle conduit le chœur et avec lesquelles, parfois, elle se confond » [2]. *Mnèmosynè* préside donc dans le même temps à la faculté de se remémorer *et* à la fonction poétique [3], sans qu'il y ait de distinction entre les deux. La mémoire est investie par là d'un fondamental « pouvoir *poïétique* » [4], pour reprendre l'expression de Marc Richir citée au chapitre précédent, ou bien — pour utiliser les termes employés dans ce chapitre-ci — d'un caractère essentiellement créatif. Ainsi, « possédé par les Muses, le poète est l'interprète de *Mnèmosynè* » [5]. Comme on le sait, il se voit par là

---

1. J.-P. Vernant, « Aspects mythiques de la mémoire », dans *Mythe et pensée chez les Grecs*, Paris, Maspéro, 1965, 2ᵉ éd., Paris, La Découverte, 1990, p. 107-136.
2. *Ibid.*, p. 111. *Cf.* en particulier Hésiode, *Théogonie*, 52 *sq.* et 915 *sq.* Sur le lien étroit entre les Muses et *Mnèmosynè*, *cf.* M. Cacciari, *Dell'inizio*, Milano, Adelphi, 1990, 2001², p. 235 *sq.*, avec lequel les considérations qui suivent présentent de multiples résonances.
3. *Cf.* J.-P. Vernant, *op. cit.*, p. 95.
4. M. Richir, *op. cit.*, p. 102.
5. J.-P. Vernant, *op. cit.*, p. 111.

attribuer des capacités divinatoires similaires à celles du devin, avec qui il a en commun la *voyance*, c'est-à-dire le don de voir l'invisible. Dans le cas du devin, cet invisible consiste le plus souvent dans le *futur* ; dans celui du poète en revanche, il concerne presque exclusivement le *passé*. Non pas le passé individuel, bien entendu, mais l'« "ancien temps", avec son contenu et ses qualités propres : l'âge héroïque ou, au-delà encore, l'âge primordial, le temps originel »[1]. De toute façon il ne s'agit pas d'un passé irrémédiablement révolu, mais au contraire d'une « partie intégrante du cosmos »[2]. Le temps originel, en particulier, est la « source »[3] même du présent, « le fond de l'être [...] qui permet de comprendre le devenir dans son ensemble »[4].

Le poète reçoit de *Mnèmosynè* le privilège d'être *présent* à ce passé inaccessible pour tout autre que lui et, de ce fait, il en a une « vision personnelle directe »[5] : pour lui, par conséquent, « se souvenir, savoir, voir [sont] autant de termes qui s'équivalent »[6]. Vernant résume ce point en ces termes : « Quelle est alors la fonction de la mémoire ? Elle *ne reconstruit pas le temps ; elle ne l'abolit pas non plus*. En faisant tomber la barrière qui sépare le présent du passé, elle jette un pont entre le monde des vivants et l'au-delà »[7], un pont entre le visible et l'invisible sur lequel il est donné au poète de passer. « L'*anamnèsis*, la réminiscence » est donc pour lui « une sorte d'initiation »[8] qui fait un avec « une transmutation de son expérience

---

1. *Ibid.*, p. 112.
2. *Ibid.*, p. 116.
3. *Ibid.*, p. 115.
4. *Ibid.*
5. *Ibid.*, p. 112.
6. *Ibid.*
7. *Ibid.*, p. 116 ; je souligne.
8. *Ibid.*

temporelle » [1]. Cette initiation consiste en fait dans le contact avec le temps primordial, avec le temps du « "toujours" qui définit la vie des dieux » [2]. La faculté de la remémoration, indistincte de la fonction poétique, offre en somme l'expérience de ce temps bien spécifique que les Grecs appelaient *aiôn* [3].

Souvenons-nous ici que d'autre part, dans le cadre clairement anti-métaphysique de *Différence et répétition*, nous avons même entendu l'affirmation que la faculté de remémoration *constitue* le « passé pur » [4]. Dans le même texte, Deleuze souligne en outre le rôle décisif que joue l'oubli dans cette constitution. À son avis, « c'est *dans* l'Oubli, et comme immémorial, que Combray surgit sous forme d'un passé qui ne fut jamais présent : l'en-soi de Combray » [5]. En somme, c'est *dans l'oubli* que *Mnèmosynè* transforme le souvenir en son « équivalent spirituel », autrement dit, qu'elle en *crée* l'« en-soi » en lui reconnaissant, en tant que tel, une valeur transcendantale et en le rejetant dès lors dans un « passé qui ne fut jamais présent ».

Ainsi *Lèthè* ne s'avère pas être l'*opposé* de *Mnèmosynè*, mais plutôt son envers [6] : l'envers en vertu duquel *Mnèmosynè* peut exercer sa créativité eidétique. D'autre part, Vernant explique qu'à l'époque archaïque les Grecs considéraient ces deux divinités, *Lèthè* et *Mnèmosynè*, justement comme un « couple de puissances religieuses complémentaires » [7]. En témoigne l'oracle de Lébadée : celui qui avait l'intention de le consulter devait boire d'abord à la source de

---

1. *Ibid.*, p. 117.
2. *Ibid.*, p. 129.
3. Cf. *Ibid.*, p. 117 et p. 129.
4. *Cf.* G. Deleuze, *Différence et répétition, op. cit.*, p. 108.
5. *Ibid.*, p. 115.
6. Dans ce sens, Cacciari peut soutenir à son tour que « la vérité de *Mnèmosynè* ne consisterait donc pas dans le fait de nous libérer de l'oubli, mais dans le dévoilement de l'Immémorial même en tant qu'Immémorial, dans le fait de nous faire "voir" (ou connaître) l'Oubli » (M. Cacciari, *op. cit.*, p. 253).
7. J.-P. Vernant, *op. cit.*, p. 117.

Lèthè pour oublier, comme le font les morts, le temps de la vie terrestre, puis à la source de *Mnèmosynè* pour conserver la mémoire du contact avec l'*aiôn* divin. S'agissant de la valeur créative de cette complémentarité, Vernant précise que « la *Mnèmosynè* du rituel de Lébadée est encore à bien des égards parente de la déesse qui préside, chez Hésiode, à l'inspiration poétique. Comme la mère des Muses, elle a pour fonction de révéler "ce qui a été et ce qui sera" » [1], c'est-à-dire ce qui concerne, précisément, le temps du « toujours ».

La conception de ce temps ainsi que celle de *Mnèmosynè* et de son rapport avec *Lèthè* se modifient en Grèce à partir du VIIe siècle, poursuit Vernant. Le surgissement d'une sensibilité de type individuel s'accompagne en effet d'une expérience du temps humain comme temps du singulier, qui ne cadre plus avec l'idée de la succession des générations et de l'organisation cyclique du cosmos : le temps humain se trouve donc ressenti comme « puissance de destruction » [2]. A cela, les sectes philosophico-religieuses d'inspiration orphique-pythagorique (qui influenceront, comme on le sait, aussi la pensée du Platon de la maturité) opposent le temps divin, non plus en tant que *cyclicité*, mais comme *permanence* [3].

A la différence de l'époque archaïque, donc, « si la mémoire est exaltée, c'est en tant que puissance réalisant la *sortie du temps* et le retour au divin » [4] : c'est en cela que consiste désormais sa valeur d'initiation [5]. *Mnèmosynè*, partant, « n'est plus celle qui chante le passé primordial et la genèse du cosmos » [6], mais elle se trouve située dans l'horizon de la doctrine de la métempsychose. Dans ce cadre, elle est liée à l'histoire mythique des incarnations successives d'un

1. *Ibid.*, p. 118.
2. *Ibid.*, p. 129.
3. Cf. *Ibid.*, p. 129-130.
4. *Ibid.*, p. 127 ; je souligne.
5. *Ibid.*, p. 125-126.
6. *Ibid.*, p. 118.

individu, dont elle devrait fournir la réminiscence pour lui permettre de mettre ainsi fin au cycle des naissances. Vernant souligne : « Cette doctrine, qui centre l'*anamnèsis* sur l'histoire individuelle des âmes, confère à l'effort de remémoration une portée morale et métaphysique qu'il n'avait pas auparavant »[1].

Dans un tel cadre, la mémoire et l'oubli n'apparaissent plus complémentaires, mais opposés : les eaux de *Lèthè* sont alors celles qui « effacent chez ceux qui [...] reviennent sur terre pour une nouvelle incarnation, le souvenir du monde et des réalités célestes auxquelles l'âme est apparentée »[2].

On a déjà rappelé à quel point cette conception influence la pensée de Platon. Sa théorie de l'*anamnèse* – juge Vernant – en maintient en fait les finalités de sortie du temps et d'union avec la divinité, avec l'inflexion métaphysique qu'elles avaient marqué[3] par rapport à la relation plus fluide entre l'être et le devenir de l'époque archaïque. Certes, chez Platon, « *Mnèmosynè*, puissance surnaturelle, s'est intériorisée pour devenir dans l'homme la faculté même de connaître »[4]. Mais, d'un côté, elle semble par là avoir encore affaibli les caractères qui la faisaient présider à la fonction poétique, alors que, de l'autre, elle est *opposée* à l'oubli qui, loin de contribuer à lui donner un caractère créatif, est identifié à l'ignorance[5] et considéré comme « la faute essentielle »[6].

---

1. *Ibid.*, p. 125 ; je souligne.
2. *Ibid.*, p. 119.
3. Cf. p. 132.
4. *Ibid.*
5. Cf. *Ibid.*, p. 121.
6. *Ibid.* A la fin de la *République*, dans le mythe d'Er le Pamphylien, Platon confirme l'opposition entre la mémoire et l'oubli en décrivant à son tour une source qui produit l'oubli des vérités éternelles : le fleuve *Amélès* qui sillonne la suffocante vallée de *Léthé*. Dans ses eaux, qui symbolisent aussi, de manière significative, le flux du devenir, les âmes perdent complètement la mémoire avant de venir à une nouvelle naissance.

Mythifiée à l'époque archaïque pour des fins bien différentes de la connaissance du passé individuel de l'homme, la mémoire commence ainsi avec Platon – qui dans la reconstruction de Vernant occupe une position de transition – à perdre son « aspect mythique : l'*anamnèsis* ne ramène plus de l'au-delà les souvenirs des vies antérieures » [1]. D'autre part, la pensée grecque ne possède pas les instruments pour ancrer la mémoire dans l'intérêt pour le passé individuel, auquel notre civilisation a l'habitude de la relier. La civilisation grecque, donc, « n'accordera plus à la mémoire, dès lors qu'elle l'aura dépouillée de ses vertus mythiques, qu'une place subalterne » [2].

C'est ce qui se produit dans la pensée d'Aristote, selon Vernant, qui explique que chez lui « plus rien ne rappelle la *Mnèmosynè* mythique » [3]. Située dans la partie sensible de l'âme, et liée partant à la corporéité, « la mémoire apparaît maintenant incluse dans le temps, mais dans un temps qui reste [...] rebelle à l'intelligibilité. Fonction du temps, la mémoire ne peut plus prétendre révéler l'être et le vrai ; mais elle ne peut non plus assurer, concernant le passé, une véritable connaissance ; elle est moins en nous la source d'un savoir authentique que le signe de notre incomplétude : elle reflète les insuffisances de la condition mortelle, notre incapacité à être intelligence pure » [4]. Et Vernant ne conclut pas son étude sans avoir

---

Cf. J.-P. Vernant, « Le fleuve Amélès et la mélété thanatou », dans *Mythe et pensée chez les Grecs, op. cit.*, p. 137-152.

1. *Ibid.*, p. 134. « Dans la théorie de Platon, la pensée mythique se perpétue autant qu'elle se transforme » (*Ibid.*, p. 132).

2. *Ibid.*, p. 135.

3. *Ibid.*, p. 136.

4. *Ibid.* La référence de Vernant concerne évidemment Aristote, *Sur la mémoire et la réminiscence.*

répété au préalable que de « ces formes archaïques de la mémoire à la mémoire d'aujourd'hui, la distance est grande » [1].

la faculté des idées sensibles et de la reconnaissance aveugle

L'essai de Vernant a été publié pour la première fois dans le « Journal de psychologie » en 1959. Or, il est remarquable que Merleau-Ponty, dans ces mêmes années, peut-être d'ailleurs la même année, écrivait dans son texte inachevé, *Le visible et l'invisible* : « [...] la psychologie sociale, précisément si elle veut connaître vraiment nos sociétés, ne peut pas exclure *a priori* l'hypothèse du temps mythique comme composante de notre histoire personnelle et publique. Certes, nous avons refoulé le magique dans la subjectivité, mais rien ne nous garantit que le rapport entre les hommes ne comporte pas inévitablement des composantes magiques et oniriques » [2]. C'est dans cette même perspective que les lignes de recherche que nous avons, pour notre compte, considérées jusqu'ici mettent elles aussi en évidence l'impossibilité d'éluder ces composantes et attirent l'attention sur la *création* toujours opérante de *mythes* qui ne cesse de les alimenter et dont les formes archaïques de la mémoire ont déjà témoigné.

Comme j'ai déjà eu l'occasion de le rappeler, Merleau-Ponty qualifie précisément de « poétiques et oniriques » les « pouvoirs » de la *chair* — terme par lequel il désigne, comme on le sait, le tissu de différences qui entre-tisse notre corps, celui des autres et les choses du monde, et qui rend ainsi possible des renvois et des entrecroisements réciproques. Dans la même phrase des *Résumés de cours* que j'ai citée au début du présent chapitre, Merleau-Ponty fait correspondre à ces pouvoirs « la double formule de l'inconscient ("je ne savais pas"

---

1. *Ibid., p.* 135.
2. M. Merleau-Ponty, *Le visible et l'invisible, op. cit.*, p. 43-44.

et "je l'ai toujours su") ». D'un côté, celle-ci est en effet la formule du *système* dont le conscient et l'inconscient sont des composants inséparables [1], le conscient reconnaissant dialectiquement − comme l'explique Freud − l'inconscient *au moment même où il le nie* [2]. D'un autre côté, par cette négation la formule semble sous-entendre, selon Merleau-Ponty, un « inconscient primordial » qui − je l'ai indiqué au début du présent chapitre − « serait le laisser-être, le oui initial, l'indivision du sentir » [3], et qui serait rythmé, comme le suggère la formule elle-même, par le temps du *toujours*. Donc, si celui-ci a pour nom *aiôn*, l'*aiôn*, le temps des dieux, traverse l'inconscient ainsi compris.

Aiôn, autrement dit, nomme le temps de la *vie opérante*. C'est pourquoi, dans le deuxième paragraphe de ce chapitre nous avons vu Merleau-Ponty noter, à propos des idées sensibles de Proust, que celles-ci se révèlent « latentes en nous même quand nous n'y pensons pas exactement comme la signification du théorème de Pythagore ». Pour le même motif, d'autre part, il paraît possible de reconnaître dans « "je ne savais pas" et "je l'ai toujours su" » la formule du passage de l'intentionnalité opérante à l'intentionnalité d'acte. Dès lors, cette formule paraît désigner aussi la *greffe* du temps chronologique (dans la mesure où "je ne le savais pas" sous-entend en fait "jusqu'à *maintenant*") sur celui de l'*aiôn*, avec toutes les équi-

---

1. « L'inconscient de refoulement serait donc une formation secondaire, contemporaine de la formation d'un système perception-conscience » (M. Merleau-Ponty, *Résumés de cours*, *op. cit.*, p. 179).

2. *Cf.* S. Freud, « Die Verneinung », *Imago*, vol. 11 (3), 1925, trad. fr. par J. Laplanche, *La négation*, dans *Œuvres complètes*, vol. XVII (1923-1925), *Autoprésentation, inhibition, symptôme et angoisse. Autres textes*, trad. fr. par J. Altounian, C. Avignon *et alii*, Paris, P.U.F., 1992, p. 171 : « Nulle preuve plus forte de la mise à découvert réussie de l'inconscient que lorsque l'analysé y réagit par cette phrase : *Cela je ne l'ai pas pensé*, ou : *À cela je n'ai (jamais) pensé* ».

3. M. Merleau-Ponty, *Résumés de cours*, *op. cit.*, p. 179.

voques que cette greffe peut, évidemment, générer par l'attribution au temps chronologique de ce qui concerne le temps mythique.

La considération de l'énoncé « "je ne savais pas" et "je l'ai toujours su" » en tant que formule du passage de l'intentionnalité opérante à l'intentionnalité d'acte nous reconduit au texte, évoqué plus haut, dans lequel Freud indique pour sa part dans la « négation [*Verneinung*] » une sorte de thématisation indirecte du refoulé. Jean Hyppolite, sollicité par Jacques Lacan[1], consacre un commentaire célèbre à ce texte en 1955. Dans ce commentaire, que Merleau-Ponty n'a probablement pas ignoré[2], Hyppolite souligne comment, pour Freud, avec la négation du refoulé, « la fonction intellectuelle se démarque [...] du processus affectif »[3]. La négation, explique donc Hyppolite, « a la fonction véritable d'engendrer l'intelligence et la position même de la pensée »[4] si par cette dernière nous comprenons « la forme de la pensée comme telle, car la pensée est déjà bien avant, dans le primaire, mais elle n'y est pas comme pensée »[5], c'est-à-dire qu'elle n'y est pas dans cette forme qu'il appelle « sublimation »[6]. Il précise d'autre part que la forme esquissée ainsi par Freud doit être comprise comme une genèse non pas positive, mais bien plutôt *mythique* de la pensée[7].

1. J. Hyppolite, *Commentaire parlé sur la « Verneinung » de Freud* [1955], dans *Figures de la pensée philosophique, op. cit.*, t. 1, p. 385-396.

2. L'éditeur des notes de cours de Merleau-Ponty sur *La Nature* reconnaît en fait l'écho de ce commentaire, plutôt que de la conférence sur *Philosophie et psychanalyse*, dans le renvoi de Merleau-Ponty à Hyppolite auquel j'ai fait référence *supra*, p. 137, note 3. *Cf.* M. Merleau-Ponty, *La Nature, op. cit.*, p. 351, note 2.

3. S. Freud, *La négation* dans *Œuvres complètes*, vol. XVII, *op. cit.*, p. 168.

4. J. Hyppolite, *Figures de la pensée philosophiques, op. cit.*, t. 1, p. 389.

5. *Ibid.*, p. 396.

6. *Cf. Ibid.*, p. 388.

7. *Cf. Ibid.*, p. 390.

Sur cette base, on peut alors affirmer que le temps du *toujours* est celui de l'indistinction entre l'intellectuel et l'affectif[1], laquelle fait un avec ce que Merleau-Ponty nomme « l'indivision du sentir ». C'est donc cette indistinction qui caractérise les idées sensibles, dont celles « de l'intelligence » – à savoir ce que Hyppolite appelle « la pensée comme telle » – sont précisément, comme l'écrit Merleau-Ponty lui-même, « une sublimation »[2]. Dans ce sens, se référant encore aux idées sensibles évoquées par Proust, il peut noter que « sous toute idée de l'intelligence, pénétrable, saisissable pour l'*intuitus mentis*, il y a l'une de ces entités qui sont non positives, mais différences, "différenciées" [...] – I. e. : leur consistance, la possibilité d'identifier chacune tient surtout à leur non-différence avec elles-mêmes, à ce qu'elles sont pôles de vie charnelle »[3]. Et cette chair n'est pas perdue – bien plutôt, comme on l'a vue, est-elle sublimée – alors que ces idées aboutissent à « la pensée comme telle » et à l'expression.

Si donc, une fois rendues communicables, les idées semblent se retrojeter dans une sorte de « temps mythique » et apparaître comme vraies *depuis toujours*, c'est parce que leur expression n'annule en aucun cas la temporalité de l'*aiôn* dans laquelle elles se sont formées. C'est précisément cette temporalité que Merleau-Ponty évoque à propos de l'« univers » – défini non par hasard

---

1. Jacques Lacan, glosant à son tour le commentaire par Hyppolite de l'écrit freudien sur *La négation*, explique que « L'affectif dans ce texte de Freud est conçu comme ce qui d'une symbolisation primordiale conserve ses effets jusque dans la structuration discursive » (J. Lacan, *Réponse au commentaire de Jean Hyppolite sur la « Verneinung » de Freud*, dans *Écrits*, Paris, Seuil, 1966, p. 383).

2. « A la frontière du monde muet ou solipsiste, là où, en présence d'autres voyants, mon visible se confirme comme exemplaire d'une universelle visibilité, nous touchons à un sens second ou figuré de la vision, qui sera l'*intuitus mentis* ou idée, à une sublimation de la chair, qui sera esprit ou pensée » (M. Merleau-Ponty, *Le visible et l'invisible*, op. cit., p. 190-191).

3. M. Merleau-Ponty, *Notes de cours 1959-1961*, op. cit., p. 194.

comme « onirique » – que les « essences charnelles » déployées par la peinture de Cézanne en viennent à composer : « L'"instant du monde" que Cézanne voulait peindre et qui est depuis longtemps passé, ses toiles continuent de nous le jeter, et sa montagne Sainte-Victoire se fait et se refait d'un bout à l'autre du monde, autrement, mais non moins énergiquement que dans la roche dure au-dessus d'Aix » [1].

Les formes archaïques de la mémoire, nous a expliqué Jean-Pierre Vernant, indiquaient en *Mnèmosynè* la divinité permettant le contact avec l'*aiôn*. Si donc ce dernier se manifeste comme la temporalité opérante dans l'inconscient compris comme « indivision du sentir », il semble possible de définir *Mnèmosynè* comme la mémoire opérante *dans le sentir lui-même*, en lui reconnaissant des caractères semblables à ceux que Deleuze, nous l'avons vu, lui attribue dans *Différence et répétition*.

Caractérisée comme *Mnèmosynè*, la mémoire opérante dans le sentir se voit par ailleurs attribuer un pouvoir poïétique essentiel. On peut ainsi clarifier la raison pour laquelle, peu après avoir identifié « l'inconscient primordial » à « l'indivision du sentir », Merleau-Ponty peut écrire : « cela conduit à l'idée du corps humain comme symbolisme naturel » [2].

De plus, une question décisive soulevée par Deleuze peut ainsi trouver une certaine clarification : après avoir souligné que « toute réminiscence est érotique », que donc « c'est l'Erôs [...] qui nous fait pénétrer dans ce passé pur en soi », se révélant ainsi « le compagnon, le fiancé de *Mnèmosynè* », Deleuze se demande en effet « d'où Erôs tient ce pouvoir » [3]. Ce que nous avons observé jusqu'ici nous permet au moins de répondre que le pouvoir d'Erôs mis en

---

1. M. Merleau-Ponty, *L'œil et l'esprit, op. cit.*, p. 35.
2. M. Merleau-Ponty, *Résumés de cours, op. cit.*, p. 179-180.
3. G. Deleuze, *Différence et répétition, op. cit.*, p. 115.

évidence par Deleuze *s'accompagne* intimement de ceux de la chair que nous avons vu indiqués par Merleau-Ponty : ses pouvoirs de *symbolisation* primordiale, précisément. Comme tels, ils se trouvent en fait convoqués par la tension d'Erôs vers l'unité eidétique du *diabolique* (à savoir, littéralement, de ce qui est désuni), cette tension que déjà Platon décrivait – bien que, évidemment, il l'ait fait dans la perspective d'un affranchissement par rapport à la chair – dans le célèbre discours de Diotime rapporté par Socrate dans le *Banquet*[1].

Les pouvoirs poétiques et oniriques de la chair et les caractères de *Mnèmosynè* s'éclairent ainsi mutuellement, bien que Deleuze se soit ouvertement méfié des premiers[2] et bien que Merleau-Ponty n'ait jamais évoqué la seconde par son nom. Dans le premier chapitre, il m'est arrivé de souligner comment sa réflexion ultime s'arrêtait plutôt sur la *voyance* particulière dont il trouve la théorie amorcée par Rimbaud et qu'il voit pratiquée par l'art et la littérature contemporains. Mais, si Merleau-Ponty n'explicite pas le lien intrinsèque de la *voyance* à *Mnèmosynè*, Vernant rappelle comment ce lien était déjà indiqué par les Grecs à l'époque archaïque. D'autre part, à y regarder de plus près, ce même lien est admirablement évoqué par Proust lui-même dans une description célèbre du demi-sommeil, que Merleau-Ponty citait déjà dans sa *Phénoménologie de la perception*[3] :

> Quand je me réveillais ainsi, mon esprit s'agitant pour chercher, sans y réussir, à savoir où j'étais, tout tournait autour de moi dans l'obscurité, les choses, les pays, les années. Mon corps, trop engourdi pour remuer, cherchait, d'après la forme de sa fatigue, à repérer la position de ses

---

1. *Cf.* Platon, *Le Banquet*, 209 e-212 a.
2. *Cf.* G. Deleuze – F. Guattari, *Qu'est-ce que la philosophie ?*, *op. cit.*, en particulier les p. 168 *sq.* J'ai discuté les motifs de cette méfiance dans « Carne. Per la storia di un fraintendimento », *in* M. Carbone – D. M. Levin, *La carne e la voce. In dialogo tra estetica ed etica*, Milano, Mimesis, 2004, spécialement le § 11, p. 38-43, pages auxquelles je me permets de renvoyer ici.
3. M. Merleau-Ponty, *Phénoménologie de la perception*, *op. cit.*, p. 211, note 1.

membres pour en induire la direction du mur, la place des meubles, pour reconstruire et pour nommer la demeure où il se trouvait. Sa mémoire, la mémoire de ses côtes, de ses genoux, de ses épaules, lui présentait successivement plusieurs des chambres où il avait dormi, tandis qu'autour de lui les murs invisibles, changeant de place selon la forme de la pièce imaginée, tourbillonnaient dans les ténèbres. Et avant même que ma pensée, qui hésitait au seuil des temps et des formes, eût identifié le logis en rapprochant les circonstances, lui, – mon corps, – se rappelait pour chacun le genre du lit, la place des portes, la prise de jour des fenêtres, l'existence d'un couloir, avec la pensée que j'avais en m'y endormant et que je retrouvais au réveil. Mon côté ankylosé, cherchant à deviner son orientation, s'imaginait, par exemple, allongé face au mur dans un grand lit à baldaquin et aussitôt je me disais : « Tiens, j'ai fini par m'endormir quoique maman ne soit pas venue me dire bonsoir », j'étais à la campagne chez mon grand-père, mort depuis bien des années ; et mon corps, le côté sur lequel je reposais, gardiens fidèles d'un passé que mon esprit n'aurait jamais dû oublier, me rappelaient la flamme de la veilleuse de verre de Bohême, en forme d'urne, suspendue au plafond par des chaînettes, la cheminée en marbre de Sienne, dans ma chambre à coucher de Combray, chez mes grands-parents, en des jours lointains qu'en ce moment je me figurais actuels sans me les représenter exactement et que je reverrais mieux tout à l'heure quand je serais tout à fait éveillé [1].

La description proustienne met par ailleurs en évidence comment la *fidélité* qu'elle reconnaît à la mémoire opérante dans le sentir n'entre pas en contradiction avec le pouvoir poïétique essentiel de *Mnèmosynè*. C'est une fidélité qui ne fait même qu'un avec ce pouvoir poïétique, puisqu'il ne s'agit pas de la fidélité à un modèle préliminaire, mais bien à une expérience que l'on ne peut retrouver que dans son *eidos* : celui que, exploitant les vertus analogisantes du sensible

---

1. M. Proust, *Du côté de chez Swann*, éd. cit., p. 6. Sur la valeur *ontologique* que la mémoire du corps décrite ici en vient à revêtir à l'intérieur d'une constellation de pensée telle que celle que j'ai considérée jusqu'à maintenant, *cf.* le chapitre « Memoria e compassione » [1999] dans le livre d'E. Lisciani-Petrini, *La passione del mondo. Saggio su Merleau-Ponty*, Napoli, Edizioni Scientifiche Italiane, 2002, p. 179-208.

comme celles du langage[1], *Mnèmosynè* a précisément le pouvoir de *créer*, entouré d'une auréole mythico-symbolique, dans la chair de notre rapport opérant avec le monde.

Comme le montre Proust, et comme le met en évidence Deleuze, *Mnèmosynè* est en somme la faculté créatrice de ces idées que Merleau-Ponty qualifie de « sensibles ». A y regarder de plus près[2], son nom est un autre nom de l'imagination que Kant définissait, dans la troisième *Critique*, précisément comme « créatrice » et qu'il voyait à l'œuvre chez le génie pour produire les « idées esthétiques »[3]. Par différence avec ce que les Grecs de l'époque archaïque et Kant lui-même croyaient, le caractère transcendantal que nous lui avons vu reconnaître explicitement par Deleuze empêche cependant de la considérer comme le patrimoine exclusif du poète ou même du génie artistique. Par ailleurs, la valeur cognitive *indirecte* que Kant attribue aux idées créées par elle[4] doit à présent être spécifiée comme *inconscient*, si tant est que l'on entend par ce terme « le sentir même » − comme Merleau-Ponty le propose − « puisque le sentir n'est pas la possession intellectuelle de "ce qui" est senti, mais dépossession de nous-mêmes à son profit, ouverture à *ce que nous n'avons pas besoin de penser pour le reconnaître* »[5].

La créativité essentielle de *Mnèmosynè*, comme je l'ai déjà indiqué plus haut, ne trouve donc pas sa contradiction, mais *son issue* dans le

---

1. A propos des vertus analogisantes du sensible, *cf.* particulièrement le premier chapitre du présent travail.

2. *Cf.* M. Ferraris, *L'immaginazione*, Bologna, Il Mulino, 1996, en particulier « Introduzione », p. 7-26.

3. *Cf.* Kant, *Kritik der Urteilskraft* [1790], § 49. Sur le « depuis toujours » comme chiffre constitutif de la temporalité du sentir dans la troisième *Critique* kantienne et en référence particulière à la notion d'« idée esthétique », *cf.* E. Ferrario, *Il lavoro del tempo*, Milano, Guerini e Associati, 1997, p. 131 *sq.*

4. Kant, *Critique de la faculté de juger*, édition publiée sous la direction de F. Alquié, Paris, Gallimard, 1989, p. 273.

5. M. Merleau-Ponty, *Résumés de cours, op. cit.*, p. 179 ; je souligne.

fait de rendre possible une telle *reconnaissance*. Si en effet son pouvoir poïétique essentiel fait de *Mnèmosynè* la faculté de la création eidétique opérant toujours dans l'expérience, elle se révèle d'un autre côté — l'autre côté du *même* — comme la *faculté de la reconnaissance eidétique* qui ne cesse à son tour d'agir dans l'expérience, correspondant par conséquent à la « double formule de l'inconscient » : « "je ne savais pas" et "je l'ai toujours su" ».

C'est précisément à propos de cette formule que Merleau-Ponty parle d'une « reconnaissance aveugle »[1], tout à fait semblable à celle qui opère à l'occasion de la rencontre du Narrateur proustien avec la saveur du thé et de la madeleine. Si en effet cette reconnaissance, plutôt que de nous élever dans un ciel métaphysique des Idées, se révèle *aveugle*, c'est-à-dire privée de la « possession intellectuelle »[2] de ce qui est reconnu, c'est parce qu'il s'agit de la reconnaissance d'idées qui se créent *dans* l'expérience opérante — qui se créent donc *par différence* et non par imitation de modèles préliminaires, et qui ne peuvent donc que *parvenir*, comme l'indiquait Deleuze, à se faire reconnaître en tant que modèles. C'est cette reconnaissance que, comme j'ai déjà dit, l'art et la littérature du XXe siècle paraissent avoir explorée. C'est précisément à cela que Proust semble se référer, non seulement dans l'épisode de la *madeleine* ou dans celui du *bal de têtes*, mais également lorsque, ainsi qu'on l'a vu au premier chapitre de ce travail, il définit les idées sensibles comme « voilées de ténèbres » et pour cette raison « impénétrables à l'intelligence, mais qui n'en sont pas moins parfaitement distinctes les unes des autres »[3] : identifia-

---

1. M. Merleau-Ponty, *La Nature*, op. cit., p. 351.

2. M. Merleau-Ponty, *Résumés de cours*, op. cit., p. 179.

3. M. Proust, *Du côté de chez Swann*, éd. cit., p. 343-345. Rappelons que Deleuze souligne à son tour que « *l'Idée est nécessairement obscure en tant qu'elle est distincte*, d'autant plus obscure qu'elle est davantage distincte », après avoir précisé que « le nom d'Idées [devrait être] réservé non pas aux purs *cogitanda*, mais plutôt à des instances qui vont de la

bles par différence, selon le commentaire de Merleau-Ponty, qui à ce propos parle en effet de « *cogitatio caeca* »[1], à savoir d'une pensée qui opère « sans penser »[2], parce qu'elle se fie — comme on peut légitimement l'inférer — aux pouvoir poétiques et oniriques de la chair.

Merleau-Ponty indique la même tendance à explorer cette reconnaissance dans ce qu'il appelle la « peinture moderne », lorsqu'il écrit que l'effort de celle-ci « n'a pas tant consisté à choisir entre la ligne et la couleur, ou même entre la figuration des choses et la création de signes, qu'à multiplier les systèmes d'équivalences, à *rompre leur adhérence à l'enveloppe des choses* »[3]. Cet effort consiste, en somme, à se soustraire à la tentative de rendre ces systèmes d'équivalences ressemblants à l'*extériorité* des choses posée comme modèle préliminaire, pour pratiquer plutôt une « peinture sans choses identifiables, sans la *peau* des choses, mais donnant leur *chair* »[4]. Cette direction picturale s'identifie par conséquent avec la « voie "moyenne" » de la peinture du XXe siècle dont Deleuze voit le tracé de Cézanne à Bacon : « celle qui se sert du diagramme pour constituer un langage analogique »[5] tel qu'elle parvient à « faire ressemblant par des moyens non ressemblants »[6].

Ainsi, si pour Merleau-Ponty, dans la réflexion cartésienne sur la peinture « il ne reste rien du monde onirique de l'analogie »[7], pour Deleuze, « ce par quoi Bacon reste cézannien, c'est l'extrême poussée

---

sensibilité à la pensée, et de la pensée à la sensibilité » (G. Deleuze, *Différence et répétition*, *op. cit.*, p. 191 et p. 190).

1. M. Merleau-Ponty, *Notes de cours 1959-1961*, *op. cit.*, p. 194.
2. M. Merleau-Ponty, *La Nature*, *op. cit.*, p. 351.
3. M. Merleau-Ponty, *L'œil et l'esprit*, *op. cit.*, p. 71-72 ; je souligne.
4. M. Merleau-Ponty, *Le visible et l'invisible*, *op. cit.*, p. 272.
5. G. Deleuze, *Francis Bacon. Logique de la sensation*, *op. cit.*, p. 76. Rappelons que Deleuze définit le diagramme comme « l'ensemble opératoire des traits et des taches, des lignes et des zones » (*Ibid.*, p. 66).
6. *Ibid.*, p. 75.
7. M. Merleau-Ponty, *L'œil et l'esprit*, *op. cit.*, p. 41.

de la peinture comme langage analogique » [1]. En procédant, en effet, de la même façon que la pensée qui identifie « aveuglément » les idées sensibles par différence, ce langage analogique utilise ce que Merleau-Ponty définit comme l'« onirisme [...] du sensible » [2] et Deleuze comme les « droits » des « simulacres » [3] – c'est-à-dire la *ressemblance seulement apparente* produite par les déformations des phénomènes (et condamnée à cause de cela par Platon [4]). *Mnèmosynè* est ainsi appelée à élaborer ce qui, soudainement, paraîtra comme la reprise d'une anticipation qui, à bien y réfléchir, n'avait jamais vraiment été vécue : ce qui nous donnera la surprise de constater qu'effectivement il n'était pas nécessaire d'avoir connu pour reconnaître.

1. G. Deleuze, *Francis Bacon. Logique de la sensation*, op. cit., p. 78.
2. M. Merleau-Ponty, *Notes de cours 1959-1961*, op. cit., p. 194.
3. G. Deleuze, *Logique du sens*, op. cit., p. 302.
4. *Cf.* Platon, *Sophiste*, 236 b.

appendice
amour et musique
thème et variations

« un thème est présenté, puis suivent les variations »

En musique, un thème est présenté, puis suivent les variations. Nous ne pouvons pas exprimer le thème lui-même directement, nous ne pouvons que le représenter au moyen de variations et c'est à partir de celles-ci qu'il faut identifier le thème. Nous procédons de la même manière lorsque nous examinons le style d'une époque historique. Toutes les formes de la vie d'un temps, de la Renaissance, du Baroque par exemple, nous les comprenons comme des variations d'un thème. Le fait qu'elles soient des variations d'un thème, des expressions d'un comportement fondamental de l'homme au monde leur donne, malgré toutes leurs différences matérielles, l'unité d'un style. Mais le thème lui-même, nous ne pouvons l'exprimer que de façon toujours inadéquate ; nous avons devant les yeux la diversité des formes phénoménales que nous saisissons pourtant comme diversité d'une unité et non comme répétition d'une seule et même chose[1].

Dans ce passage du neuropsychiatre et philosophe Erwin Straus, tiré de son chef-d'œuvre *Vom Sinn der Sinne*, nous trouvons condensée avec efficacité la question du « platonisme » et de son « renverse-ment », telle qu'elle sera ensuite explicitée par Gilles Deleuze. Dans son essai intitulé à l'origine *Renverser le platonisme*[2], Deleuze invite en

---

1. E. Straus, *Du sens des sens, op. cit.*, p. 521.
2. *Cf.* G. Deleuze, désormais avec le titre « Simulacre et philosophie antique », dans *Logique du sens, op. cit.*, p. 292-324.

169

effet à prendre en considération « les deux formules : "seul ce qui se ressemble diffère", "seules les différences se ressemblent" », en expliquant qu'

> Il s'agit de deux lectures du monde dans la mesure où l'une nous convie à penser la différence à partir d'une similitude ou d'une identité préalables, tandis que l'autre nous invite au contraire à penser la similitude et même l'identité comme le produit d'une disparité de fond[1].

Dans le passage de la première à la seconde de ces « lectures du monde », Deleuze tend à discerner précisément la possibilité de « renverser le platonisme »[2]. Le platonisme est compris par Deleuze comme la version *simplifiée* de la philosophie par laquelle Platon a contribué, plus qu'aucun autre, à former « l'image de la pensée » – c'est ainsi qu'il l'appelle[3] – dans laquelle nous sommes encore habitués à penser. En reformulant cette image dans les termes proposés par Straus, il semblerait que l'on puisse affirmer que, tout comme cela se passe, selon ce dernier, en musique, dans la pensée aussi, selon le platonisme, « un thème » – à savoir « ce qui se ressemble » – « est présenté, puis suivent les variations ». La notion de « Thème » vient donc faire écho à celle d'« Idée », comprise comme « essence » ou « forme », comme *eidos* en somme. Toujours selon les termes du passage de Straus, « variations » peut être lu, corrélativement, comme une autre manière de désigner la « multiplicité » des « apparitions », toujours « inadéquates » parce qu'intrinsèquement partielles, du thème lui-même.

---

1. *Ibid.*, p. 302.
2. *Ibid.*
3. « L'image de la pensée » est le titre que Deleuze attribue tant à la « Conclusion » de la première édition de *Marcel Proust et les signes* qu'à l'un des chapitres de *Différence et répétition*.

Deleuze assimile la notion de « Thème » à celle d'« Idée » lorsqu'il s'interroge sur ce qui, dans la *Recherche* de Proust, « sert de loi à la série de nos amours »[1] :

> Une différence originelle préside à nos amours. Peut-être est-ce l'image de Mère – ou celle du Père pour une femme, pour Mlle Vinteuil. Plus profondément, c'est une image lointaine au-delà de notre expérience, un Thème qui nous dépasse, une sorte d'archétype. Image, idée ou essence assez riche pour se diversifier dans les êtres que nous aimons, et même dans un seul être aimé ; mais telle aussi qu'elle se répète dans nos amours successives, et dans chacun de nos amours pris isolément[2].

Pour chercher à trouver le sens de nos expériences amoureuses, nous ne devons donc pas les isoler les unes des autres et nous concentrer sur chacune d'elles. Il faut plutôt les considérer comme autant de variations à travers lesquelles on peut saisir le thème qui les relie et qui sert ainsi de loi à la série de nos amours. Mais d'où provient le thème des amours de chacun de nous ? Comme le rappelle également Deleuze, selon la psychanalyse freudienne, le « choix d'objet » vers lequel chacun de nous dirige sa libido[3] est corrélé à la fixation infantile de la tendresse adressée à la mère ou au père[4]. Selon cette conception, par conséquent, dans le cas de nos amours aussi « un thème est présenté, puis suivent les variations » : dans ce cas-là, le thème est présenté dans le désir généré par le manque lié au rapport « originaire » avec les parents. Ainsi, la structure de l'Eros elle-

---

1. G. Deleuze, *Proust et les signes, op. cit.*, p. 93.

2. *Ibid.*, p. 83 *sq.*

3. Laplanche et Pontalis définissent ce que Freud appelle le « choix d'objet » comme « l'acte d'élire une personne ou un type de personne comme objet d'amour » (J. Laplanche et J.-B. Pontalis, *Vocabulaire de la psychanalyse*, D. Lagache (dir.), « Quadrige », Paris, P.U.F., 1967¹, 1998², p. 64).

4. *Cf.* S. Freud, *Beiträge zur Psychologie des Liebeslebens* [1910-1917 (1918)], trad. fr. par J. Laplanche, « Contributions à la psychologie de la vie amoureuse » dans *La vie sexuelle*, Paris, P.U.F., 1969, en particulier p. 50 *sq* et 75.

même continue à être pensée en mode freudien conformément au platonisme.

Deleuze souligne par ailleurs que la *Recherche* suggère de problématiser l'identification du thème et de la mère en montrant que « la série de nos amours dépasse notre expérience, s'enchaîne avec d'autres expériences, s'ouvre sur une réalité transsubjective. L'amour de Swann pour Odette fait déjà partie de la série qui se poursuit avec l'amour du héros pour Gilberte, pour Mme de Guermantes, pour Albertine »[1]. On peut par conséquent en conclure, malgré Freud, que

> l'image de mère n'est peut-être pas le thème le plus profond, ni la raison de la série amoureuse : il est vrai que nos amours répètent nos sentiments pour la mère, mais ceux-ci répètent déjà d'autres amours, que nous n'avons pas nous-mêmes vécues. La mère apparaît plutôt comme la transition d'une expérience à une autre, la manière dont notre expérience commence, mais déjà s'enchaîne avec d'autres expériences qui furent faites par autrui. A la limite, l'expérience amoureuse est celle de l'humanité tout entière, que traverse le courant d'une hérédité transcendante[2].

l'institution d'un sentiment : « Illusion ou phénomène ? »

C'est précisément à la description des expériences d'amour relatées dans la *Recherche* que fait référence à son tour Merleau-Ponty dans une section des notes préparatoires du cours intitulé « L'institution dans l'histoire personnelle et publique », donné au Collège de France en 1954-1955[3]. Si nous avons approché la description de ces

---

1. G. Deleuze, *Proust et les signes*, *op. cit.*, p. 88.
2. *Ibid.*, p. 89.
3. Cf. M. Merleau-Ponty, *L'institution, la passivité. Notes de cours au Collège de France (1954-1955)*, textes établis par D. Darmaillacq, C. Lefort et S. Ménasé, « Préface » de C. Lefort, Paris, Belin, 2003, p. 63 *sq.*

expériences en examinant d'abord le parallèle possible entre thème et variation en musique et en amour, puis en nous interrogeant sur la question de savoir comment se transmet un thème amoureux, nous trouvons la même interrogation et une analogie parallèle en suivant la réflexion de Merleau-Ponty sur l'institution d'un sentiment d'amour et sur le fait qu'on retrouve « la même logique souterraine » [1] dans la manière dont s'institue l'œuvre d'un artiste.

Le résumé que Merleau-Ponty a donné de ce cours commence par cette explication : « On cherche ici dans la notion d'institution un remède aux difficultés de la philosophie de la conscience. Devant la conscience, il n'y a que des objets constitués par elle » [2]. La « logique souterraine » de l'institution se trouve donc opposée par Merleau-Ponty à celle de la *constitution* affirmée par la « philosophie de la conscience », une philosophie selon laquelle la conscience elle-même « est toujours "avant" », pourrait-on dire en reprenant les termes par lesquels Deleuze, se référant à l'Idée[3], caractérise le platonisme.

Précédemment, nous avons vu Deleuze retrouver cette démarche du platonisme dans la théorie freudienne du désir comme manque creusé par le rapport « originaire » aux parents, manque qui par conséquent orienterait préliminairement le sens du désir lui-même, alors que Deleuze proposait, quant à lui, une considération « trans-subjective » du désir. Nous venons de voir à présent Merleau-Ponty pointer implicitement une démarche analogue dans la conception de la conscience en tant que constituante, et du sens en tant que constitué par elle, pour chercher dans l'idée d'une *autoconstitution* du sens « un remède » aux problèmes qui s'ensuivent. La notion d'institution a pour but, précisément, de rendre compte de cela.

---

1. M. Merleau-Ponty, *Résumés de cours*, *op. cit.*, p. 63.
2. *Ibid.*, p. 59.
3. *Cf.* G. Deleuze, *Proust et les signes*, *op. cit.*, p. 132.

Mais, évidemment, l'interlocuteur philosophique des notes de Merleau-Ponty sur « l'institution d'un sentiment » ne pouvait pas être Deleuze, à l'époque à peine trentenaire, et à qui il devait par ailleurs confier précisément dans ces mêmes années la préparation de l'article « Bergson » pour son anthologie consacrée aux *Philosophes célèbres*[1]. Cet interlocuteur fut plutôt encore une fois – sans que jamais pourtant il ne soit nommé – Jean-Paul Sartre. Merleau-Ponty, en effet, était sur le point d'élaborer la formulation philosophique de sa rupture avec lui dans *Les aventures de la dialectique*[2]. Dans ses notes sur « l'institution d'un sentiment », il semble viser une fois de plus la pensée que Sartre avait formulée dans *L'être et le néant*, où se trouvent des considérations sur l'amour rapportées à Marcel et à sa « vie commune avec Albertine », pour citer le titre par lequel on a l'habitude de désigner la partie initiale de *La prisonnière*[3].

Il est bien connu que le désir d'assujettissement du Narrateur à l'égard d'Albertine semble trouver dans ces pages de Proust un apaisement momentané devant le sommeil de l'aimée, à présent devenue semblable à un objet, tout en demeurant toujours un sujet capable d'offrir à l'amant la reconnaissance recherchée par lui. Parmi les pages célèbres dans lesquelles le désir de possession proclamé avec insistance par le Narrateur voisine avec la détermination, non moins répétée, d'Albertine endormie par des termes végétaux[4], je me limite à citer ce passage exemplaire :

> Étendue de la tête aux pieds sur mon lit, dans une attitude d'un naturel qu'on n'aurait pu inventer, je lui trouvais l'air d'*une longue tige en fleur*

1. G. Deleuze, « Bergson (1859-1941) », dans M. Merleau-Ponty (éd.), *Les philosophes célèbres*, Paris, Mazenod, 1956, p. 292-299 ; nouvelle édition révisée et augmentée sous la direction de J.-F. Balaudé, *Les philosophes de l'antiquité au XXᵉ siècle. Histoire et Portraits*, Paris, Le Livre de Poche, 2006, p. 1033-1046.
2. M. Merleau-Ponty, *Les aventures de la dialectique*, Paris, Gallimard, 1955.
3. M. Proust, *La prisonnière*, dans *À la Recherche du temps perdu*, éd. cit., vol. III.
4. Cf. *ibid.*, p. 578-584.

qu'on aurait disposée là ; et c'était ainsi en effet : [...] comme si en dormant elle était devenue une *plante*. Par là son sommeil réalisait dans une certaine mesure, la possibilité de l'amour ; seul, je pouvais penser à elle, mais elle me manquait, *je ne la possédais pas* [...]. En fermant les yeux, en perdant la conscience, Albertine avait dépouillé, l'un après l'autre, ses différents caractères d'humanité qui m'avaient déçu depuis le jour où j'avais fait sa connaissance. *Elle n'était plus animée que de la vie inconsciente de végétaux, des arbres*, vie plus différente de la mienne, plus étrange et *qui cependant m'appartenait davantage*. [...] En la tenant sous mon regard, dans mes mains, j'avais cette impression de *la posséder tout entière* que je n'avais pas quand elle était réveillée. *Sa vie m'était soumise*, exhalait vers moi son léger souffle [1].

Voici le commentaire de Sartre :

Le héros de Proust [...], qui installe chez lui sa maîtresse, peut la voir et la posséder à toute heure du jour et a su la mettre dans une totale dépendance matérielle, devrait être tiré d'inquiétude. On sait pourtant qu'il est, au contraire, rongé de souci. C'est par sa conscience qu'Albertine échappe à Marcel, lors même qu'il est à côté d'elle et c'est pourquoi il ne connaît de répit que s'il la contemple pendant son sommeil. Il est donc certain que l'amour veut captiver la « conscience ». Mais pourquoi le veut-il ? Et comment ? [2]

Réponse de Sartre : « Il veut posséder une liberté comme liberté » [3] ; c'est le paradoxe [4] du désir d'assujettissement. Dans ce paragraphe de *L'être et le néant* [5] – qui est vraiment une réflexion sur l'amour au temps du nihilisme en tant qu'époque de l'absence de fondement – Sartre décrit en effet chacun des amants abdiquant sa liberté dans la tentative de se donner un fondement précisément dans la liberté de

---

1. *Ibid.*, p. 578. Je souligne.
2. J.-P. Sartre, *L'être et le néant, op. cit.*, p. 416.
3. *Ibid.*
4. *Cf.* A. Dufourcq, « Institution et imaginaire : la réflexion merleau-pontyenne sur les illusions amoureuses », *Chiasmi international*, n. 6, 2005, p. 306.
5. J.-P. Sartre, *L'être et le néant*, IIIe partie, chapitre III, 1. « La première attitude envers autrui : l'amour, le langage, le masochisme », *op. cit.*, p. 413-429.

l'autre. De cette façon – synthétise Merleau-Ponty dans ses notes de cours – l'un « oublie que l'autre est, comme lui, liberté heureuse de se démettre, de se confier à destin »[1]. Chacun des amants préfère ainsi avoir confiance dans l'« idée commune »[2] qu'un sentiment d'amour naît par « correspondance préordonnée »[3], dans l'espoir de trouver de cette manière ce que Sartre indique comme « le fond de la joie d'amour, lorsqu'elle existe : se sentir justifiés d'exister »[4]. Pour Sartre, en somme, dans le rapport amoureux, chacun des amants « oublie la liberté de l'autre comme la sienne »[5] en vertu d'une « double illusion », que Merleau-Ponty schématise de la manière suivante : « a) qu'il [*i.e.* : l'autre] me reconnaît vraiment, ce qui n'est pas vrai puisque lui aussi ne veut qu'être reconnu b) que je le reconnais vraiment, ce qui n'est pas vrai puisque je ne veux qu'être recomplété. Cette double illusion [est] constitutive de "nous" »[6]. Autrement dit, le « nous » par lequel les amants se désignent en tant qu'ils se sentent « faits l'un pour l'autre », en tant qu'« âmes sœurs »[7] – expressions dans lesquelles transparaît de manière évidente le mythe raconté par Aristophane dans le *Banquet* de Platon – est le produit de cette double illusion.

De là provient dans *L'être et le néant*, rappelle encore Merleau-Ponty, « toute une critique des sentiments montrant a) leur subjectivité : construction mentale de chacun ; b) la complaisance à cette construction, comment on se laisse fasciner à plaisir ; c) les éléments de contingence ou de hasard : si je n'avais pas rencontré cette

1. M. Merleau-Ponty, *L'institution, la passivité, op. cit.*, p. 63.
2. *Ibid.*
3. *Ibid.*
4. J.-P. Sartre, *L'être et le néant, op. cit.*, p. 420.
5. M. Merleau-Ponty, *L'institution, la passivité, op. cit.*, p. 63.
6. *Ibid.*, p. 63-64.
7. J.-P. Sartre, *L'être et le néant, op. cit.*, p. 420.

personne, dit ce mot [...], construit cette fatalité... » [1] ; autant
d'éléments sur lesquels, en somme, Proust ne cesse de s'interroger.

Or, c'est justement à Proust et au volume de la *Recherche* évoqué par
Sartre pour exemplifier sa conception de l'amour que fait référence
Merleau-Ponty pour discuter cette conception et en montrer
l'insuffisance. La question par laquelle il ouvre la discussion sur les
critiques sartriennes de l'« idée commune » de l'amour est en effet
la suivante : « Toutes ces critiques [sont] vraies. Mais épuisent-elles
la question ? » [2]. Pour répondre à cette question, Merleau-Ponty se
tourne précisément vers l'auteur de la *Recherche*.

> Proust : toute une critique de l'amour comme subjectif, fortuit, folie ou
> maladie envahissante, comme fondé sur le mirage d'autrui, précieux en
> tant qu'inaccessible, imaginaire, [car] si j'habitais cette autre vie je la
> trouverais banale et sans valeur : illusion répétée des visages. L'amour
> satisfait meurt et ne renaît que de la privation ou de la jalousie. L'amour
> comme impossible : ou souffrance sans remède, ou dégoût − et pas de
> réalité de l'amour. D'où *La Prisonnière* [3]

note-t-il en faisant par là la synthèse du sens de la référence
sartrienne à ce volume de la *Recherche*. Il ajoute cependant
immédiatement après : « Mais Proust entrevoit que ceci n'est que la
moitié du vrai » [4]. Et il se demande ensuite ce que c'est, par
conséquent, pour l'auteur de la *Recherche* que l'amour : « Illusion ou
phénomène ? » [5].

Avant de se référer à son tour au récit de l'amour entre le Narrateur et
Albertine, Merleau-Ponty cherche des indices de réponse à cette
question dans la seconde partie du volume qui ouvre la *Recherche*, à
savoir *Un amour de Swann*, en concédant pourtant qu'ici « cela n'est

1. M. Merleau-Ponty, *L'institution, la passivité, op. cit.*, p. 64.
2. *Ibid.*
3. *Ibid.*
4. *Ibid.*
5. *Ibid.*, p. 65.

pas démonstratif [...], parce qu'il [n']y a amour que d'un côté »[1].
Toutefois, dans l'amour de Swann pour Odette, il trouve déjà une
objection fondamentale à l'égard de l'argumentation qu'il résumait
un peu avant : certes, l'amour comme désir de possession de l'autre à
travers son corps « est illusion »[2], puisque l'autre est désirable
seulement en tant que non possédé, « mais l'illusion est dans
l'accomplissement, non dans le projet qui est réel par le fait que nous
devenons vraiment l'autre, qu'il nous envahit »[3]. Merleau-Ponty en
conclut : « Amour impossible, mais non irréel. Sa réalité va être
alternance d'aliénation pure et de possession un peu ennuyée »[4].
Mais l'aliénation de soi chez l'aimé – juge-t-il – est bien loin de
révéler une pure et simple « subjectivité de l'amour »[5], de même
que l'ennui dans la possession ne désavoue que cette « idée naïve-
ment réaliste »[6] selon laquelle les raisons d'aimer une personne
reposent effectivement en elle[7]. En ce point, Merleau-Ponty se
demande : « Et par suite n'y a-t-il pas institution d'un *entre* les
deux ? Amour phénomène d'une réalité ? Contradictoire peut-être,
mais réel à ce titre ? »[8].

Sans doute la première de ces questions, dont la formulation est un
peu obscure, peut-elle être éclairée par celle qu'à son tour Gilles
Deleuze soulève après avoir décrit, lui aussi, le héros de la *Recherche*
apercevant l'insuffisance des interprétations objectives et subjectives
données à ses propres expériences, y compris ses expériences amou-

---

1. *Ibid.*, p. 67.
2. *Ibid.*, p. 66.
3. *Ibid.*
4. *Ibid.*
5. *Ibid.*, p. 65.
6. *Ibid.*, p. 66.
7. *Cf.* G. Deleuze, *Proust et les signes, op. cit.*, p. 42, qui parle à ce propos d'« illusion
objectiviste ».
8. M. Merleau-Ponty, *L'institution, la passivité, op. cit.*, p. 66.

reuses. « Pourtant, qu'y a-t-il de plus que l'objet et le sujet ? »[1] s'interroge Deleuze. « Il y a les essences », répond-il en les définissant comme « alogiques ou supra-logiques », en tant qu'irréductibles à la vérité, que Proust qualifie de « logique », des « idées formées par l'intelligence pure »[2].

Les essences – explique Deleuze – « ne dépassent pas moins les états de la subjectivité que les propriétés de l'objet »[3]. En ce sens, c'est bien à de telles entités que semble se référer Merleau-Ponty lorsqu'il se demande s'il n'y a pas là « institution d'un *entre* les deux ». D'ailleurs, à la page suivante, il note que, quand l'amant s'aliène en l'aimé, « l'amour ressemble aux "idées" que cherche l'écrivain ([4] et qui comme celles de la musique et de la peinture, ne sont pas isolables, séparables de [la] matière sensible »[5]. Merleau-Ponty paraît donc assimiler ici l'institution d'un sentiment à ce qu'il définira, en commentant encore une fois Proust dans le manuscrit du *Visible et l'invisible* interrompu par sa mort soudaine, comme « initiation »[6] à une « idée sensible »[7], c'est-à-dire à une idée ou une essence qui – comme il l'expliquera dans ces pages ainsi que dans d'autres de la même période[8] – , différemment des « idées de l'intelligence »[9], mais de manière analogue à celles « de l'art »[10], se révèle inséparable de sa propre manifestation sensible, comme nous le savons, et

1. G. Deleuze, *Proust et les signes, op. cit.*, p. 49.
2. M. Proust, *Le temps retrouvé*, éd. cit., p. 458.
3. G. Deleuze, *Proust et les signes, op. cit.*, p. 50.
4. Dans la note de Merleau-Ponty, cette parenthèse n'est pas refermée.
5. M. Merleau-Ponty, *L'institution, la passivité, op. cit.*, p. 67.
6. M. Merleau-Ponty, *Le visible et l'invisible, op. cit.*, p. 198.
7. *Ibid.*
8. *Cf.* M. Merleau-Ponty, *Notes des cours 1959-1961, op. cit.*, en particulier p. 191-198.
9. M. Merleau-Ponty, *Le visible et l'invisible, op. cit.*, p. 197.
10. M. Merleau-Ponty, *Notes de cours 1959-1961, op. cit.*, p. 196.

se dévoile comme une dimension de sens par rapport à laquelle
« désormais toute autre expérience sera repérée »[1].

Selon Merleau-Ponty, plutôt que de révéler la vaine consistance
d'une illusion subjective l'amour tel que le décrit Proust a donc une
consistance semblable à celle des « idées de l'art ». Le sentiment de
Swann se reconnaît en effet, écrit Proust, dans *une certaine* « conception de l'amour et du bonheur »[2] qui s'avère inséparable d'Odette,
comme les idées de l'art sont inséparables de leur réalisation
concrète, et qui va jusqu'à trouver dans la musique de la « petite
phrase » de la Sonate de Vinteuil son propre « hymne national ».

« Donc non illusion mais phénomène bien fondé »[3], répond
Merleau-Ponty à sa question précédente sur ce qu'est, pour Proust,
l'amour. Si, en effet, une personne est aimée *comme si elle était une
idée sensible*, c'est parce que le lien qui l'unit à cette idée – souligne
Merleau-Ponty – n'apparaît pas fortuit[4] et parce qu'il s'avère qu'elles
ne *font qu'un*[5]. Il s'ensuit que, dans l'amour pour telle personne, ce
n'est pas seulement elle, ni son corps, mais bien *cette idée même* que
l'on désire posséder ; ou par laquelle, sans doute, avec cette
personne, nous nous sentons possédés.

1. M. Merleau-Ponty, *Le visible et l'invisible, op. cit.*, p. 198.

2. M. Proust, *Du côté de chez Swann*, éd. cit., p. 344.

3. M. Merleau-Ponty, *L'institution, la passivité, op. cit.*, p. 67.

4. « D'ailleurs on verra ensuite que [Odette] n'était si dure qu'à cause de son humiliation.
Réalisation "posthume" de son amour, qui, en tant qu'amour, n'est pas réalisé » (*ibid.*).

5. On sait que, dans le résumé du cours sur « Le problème de la passivité : le sommeil,
l'inconscient, la mémoire », donné la même année que celui que j'examine ici, Merleau-
Ponty écrit : « Nos relations de la veille avec les choses et surtout avec les autres ont par
principe un caractère onirique : les autres nous sont présents comme des rêves, comme des
mythes, et ceci suffit à contester le clivage du réel et de l'imaginaire » (M. Merleau-Ponty,
Résumés de cours, op. cit., p. 69).

« amour d'Albertine aussi différent des précédents que le Septuor de la Sonate »

Ce n'est pas l'expérience de l'amour partagé que Merleau-Ponty commente ensuite pour mettre à l'épreuve ses interprétations, tout en cherchant à confirmer les indices trouvés jusqu'ici dans le récit proustien de l'« amour comme phénomène à deux : Albertine »[1]. A la lumière de ce récit, il confirme : on n'aime pas quelqu'un en tant qu'« être positif »[2], mais cela ne donne pas raison à « l'argumentation relativiste »[3] concernant le caractère contingent de la personne qu'on investit de son propre amour. Si, en effet, elle n'est pas aimée proprement et uniquement pour elle-même, ce n'est pas parce que l'aimer, elle plutôt qu'une autre, est un fait dû au hasard, mais parce qu'un tel investissement amoureux l'*excède* en tant qu'être positif et occupe « tout [l']horizon de ma vie »[4]. D'autre part, que l'on aime pas quelqu'un simplement en tant que tel ne signifie pas que le thème de nos amours est fixé à l'avance. Reprenant le parallèle entre amour et musique, Merleau-Ponty souligne en effet que, « si "général" que soit l'amour (écho de Gilberte à Albertine) l'amour d'Albertine aussi différent des précédents que le septuor de la sonate (réalité du subjectif, quasi platonisme) »[5].

La proportion esquissée ici revient quelques pages plus bas dans le commentaire de Merleau-Ponty[6] et peut être précisée à l'aide de la phrase de Proust à laquelle elle est référée, que j'examinerai directement plus loin. Voici cette proportion : l'amour pour Albertine

---

1. M. Merleau-Ponty, *L'institution, la passivité, op. cit.*, p. 67.
2. *Ibid.*, p. 70.
3. *Ibid.*
4. *Ibid.*
5. *Ibid.*, p. 72.
6. « Amour d'Albertine aussi différent des précédents que le Septuor de la Sonate » (*ibid.*, p. 75, note *).

diffère de celui pour Gilberte comme le Septuor de la Sonate de Vinteuil. Je voudrais m'arrêter sur ce point pour chercher à comprendre plus profondément l'interprétation que Merleau-Ponty propose de la conception proustienne de l'amour. Le rapport diacritique qu'entretiennent les éléments de cette proportion — chacun trouvant son identité dans sa différence à l'égard des autres — rappelle le rapport analogue que Proust voit subsister entre les « motifs musicaux »[1] et que Merleau-Ponty, dans les pages du *Visible et l'invisible* que j'ai évoquées précédemment, suggère de reconnaître plus généralement entre les « idées sensibles »[2], puisque Proust assimile ces motifs à des « idées voilées de ténèbres, inconnues, impénétrables à l'intelligence, mais qui n'en sont pas moins parfaitement *distinctes les unes des autres, inégales entre elles de valeur et de signification* »[3].

Dans les mêmes pages du *Visible et l'invisible*, Merleau-Ponty commente alors ce passage de Proust en ces termes :

> Les idées [...] sont là, derrière les sons ou entre eux, derrière les lumières ou entre elles, reconnaissables à leur manière toujours spéciale, toujours unique, de se retrancher derrière eux[4].

C'est pourquoi il qualifie ces idées de « négativité ou absence circonscrite »[5] et explique que, précisément à cause de ce caractère, « nous ne les possédons pas, elles nous possèdent »[6]. C'est ce qui arrive au violoniste que Proust décrit engagé dans l'exécution de la Sonate de Vinteuil au cours d'une soirée chez la Marquise de Saint-Euverte : plutôt que de produire le son de cette musique, il semble

---

1. Cf. M. Proust, *Du côté de chez Swann*, éd. cit., p. 343.
2. Cf. M. Merleau-Ponty, *Le visible et l'invisible*, op. cit., pp. 197-198.
3. M. Proust, *Du côté de chez Swann*, éd. cit., p. 343. Je souligne.
4. M. Merleau-Ponty, *Le visible et l'invisible*, op. cit., p. 198.
5. *Ibid.*, p. 198-199.
6. *Ibid.*, p. 199.

s'engager afin que le son *se produise* « à travers lui »[1]. Les idées musicales, comme, de manière plus générale, les idées sensibles, sont donc des *idées négatives*, c'est-à-dire des idées qui « ne se laissent pas [...] détacher des apparences sensibles, et ériger en seconde positivité »[2], par conséquent elles ne sont connaissables que par différence.

C'est précisément dans ces termes que Merleau-Ponty semble interpréter la conception proustienne de l'amour. Aussi le définit-il en tant que « réel comme négation »[3]. En ce sens, ni l'amour pour Gilberte, ni celui pour Albertine ne peuvent trouver de définition positive, mais ils ne s'avèrent connaissables que par différence réciproque. Ils ne manquent cependant pas de réalité pour autant : celle-ci consiste en effet dans l'« aliénation effective »[4] de la vie de l'amant – qui se trouve ainsi implicitement niée – dans une absence qui, précisément en tant qu'idée sensible, exerce sur cette vie sa « quasi-présence »[5]. Ces amours sont donc réelles – et efficaces – en tant qu'elles agissent négativement, comme Proust l'écrit à propos d'Albertine en une phrase que Merleau-Ponty cite deux fois dans son commentaire[6] :

Elle causait mes maux comme une divinité qui reste invisible[7].

Ce que Merleau-Ponty ajoute un peu plus loin semble encore pouvoir être rapporté à une telle caractérisation :

1. *Ibid.*
2. *Ibid.*, p. 196.
3. *Cf.* M. Merleau-Ponty, *L'institution, la passivité, op. cit.*, p. 69.
4. *Ibid.*, p. 74.
5. « Merleau-Ponty montre que cette absence, en tant qu'elle est ressentie, est déjà un mode de présence de l'autre » (A. Dufourcq, art. cit., p. 323).
6. *Cf.* M. Merleau-Ponty, *L'institution, la passivité, op. cit.*, p. 71 et 74.
7. M. Proust, *La prisonnière*, éd. cit., p. 658.

> Albertine est présente à distance comme la petite phrase dans les sons, non séparable d'eux et pourtant intangible[1].

Continuons donc à suivre les méandres du parallèle entre amour et musique. En tant que le premier se révèle réel comme négation, il possède une efficacité qui n'est pas moindre que celle montrée par la seconde durant la soirée chez la marquise de Saint-Euverte : comme le violoniste par rapport à la Sonate de Vinteuil, les amants semblent appartenir à leur amour plus que leur amour leur appartient. En ce sens, l'amour surgit de la rencontre interpersonnelle, mais il se rétrojette mythiquement comme préindividuel. Or, c'est justement ainsi que l'on finit par se reconnaître dans le mythe raconté par Aristophane dans le *Banquet* de Platon...

matrices symboliques

En tant que « négativité ou absence circonscrite », un amour – tout comme une idée musicale ou, plus généralement, sensible – est, en d'autres termes, un « centre tout virtuel »[2] qui est *circonscrit*, pour reprendre le terme employé par Merleau-Ponty, ou bien *institué* par la convergence des indices sur lesquels il institue à son tour son efficacité, précisément comme le thème par rapport aux variations, selon l'interprétation des *Variations Goldberg* donnée par Glenn Gould dans l'écrit qu'il leur a consacré[3].

---

1. M. Merleau-Ponty, *L'institution, la passivité, op. cit.*, p. 74. De ce point de vue, on a pu observer opportunément que « Proust se trompe lorsqu'il fait dire au narrateur, à propos de la petite phrase de Vinteuil, "c'est peut-être [...] la seule Inconnue qu'il m'ait jamais été donné de rencontrer". En effet la petite phrase ne se donne pas plus positivement qu'Albertine » (A. Dufourcq, art. cit., p. 326 ; la référence renvoie à M. Proust, *La prisonnière*, éd. cit., p. 764).

2. M. Merleau-Ponty, *Le visible et l'invisible, op. cit.*, p. 154.

3. *Cf.* G. Gould, « The "Goldberg" Variations » [1956], *in* T. Page (edited by), *The Glenn Gould Reader*, New York, Faber and Faber, 1984, p. 22 *sq.*

Au même sujet, il semble utile de rappeler ici que, d'un côté, dans les notes préparatoires du dernier cours de Merleau-Ponty, les idées évoquées par Proust sont également définies comme « matrices symboliques »[1] et, de l'autre, que l'expression « foyer virtuel »[2] – très proche de celle que j'ai tirée du *Visible et l'invisible*, un peu plus haut – apparaît dans *Les aventures de la dialectique*, texte contemporain des notes que nous examinons ici, pour préciser le caractère d'autres « matrices symboliques »[3] : celles qui y sont décrites précisément comme des idées négatives autour desquelles s'institue le sens de l'histoire collective. Voici cette description :

> Au point de contact entre les hommes et les données de la nature ou du passé apparaissent comme des matrices symboliques qui ne préexistent nulle part, et qui peuvent, pour un temps ou pour longtemps, mettre leur marque sur le cours des choses puis disparaître sans que rien les ait détruites de front, par désagrégation interne, ou parce que quelque formation secondaire y devient prédominante et les dénature[4].

De manière analogue, les *idées négatives* des femmes et des amours décrites par Proust et commentées par Merleau-Ponty dans les notes sur « L'institution d'un sentiment » peuvent être à leur tour interprétées efficacement en termes de « matrices symboliques » autour desquelles s'institue un sens dans l'histoire personnelle des personnages de la *Recherche*. Par ailleurs, par l'intermédiaire de la notion de matrice symbolique, l'institution se trouve définie, dans le cours qui lui est consacré, d'une manière très proche de celle de l'initiation à l'idée sensible, que Merleau-Ponty, comme je l'ai dit, décrira ensuite :

---

1. M. Merleau-Ponty, *Notes de cours 1959-1961, op. cit.*, p. 194.
2. M. Merleau-Ponty, *Les aventures de la dialectique, op. cit.*, p. 30.
3. *Ibid.*, p. 28.
4. *Ibid.*

> [L']institution au sens fort, [c'est] cette matrice symbolique qui fait qu'il
> y a ouverture d'un champ, d'un avenir selon [des] dimensions, d'où
> possibilité d'une aventure commune et d'une histoire comme
> conscience [1].

En conséquence de quoi, s'acheminant vers la conclusion des notes
sur « L'institution d'un sentiment », Merleau-Ponty écrit que
« l'idée d'institution est justement cela : fondement d'une histoire
personnelle à travers la contingence » [2]. Or, c'est précisément au
nom de cette idée que nous l'avons vu critiquer implicitement Sartre
en montrant que Proust décrit l'amour non pas tant comme illusion,
que comme réalité négative. « L'erreur est de croire qu'il ne soit
qu'une erreur » [3], tel est le commentaire qui semble adressé à celui
qui était devenu alors son frère-ennemi. Loin de les concevoir
comme des erreurs, en les considérant comme des « matrices
symboliques », on reconnaît dès lors à ces femmes et à ces amours
une capacité de production symbolique qui – s'alimentant constamment de traditions autant que de contingences – les rend capables
d'élaborer, au fur et à mesure, des constellations de sens nouvelles ou
renouvelées.

Ces constellations se dessinent par fixation spontanée de tendances
produites de façon disparate, donc sans devoir obéir à un
« modèle » [4], Merleau-Ponty le souligne : pour les produire, nous
l'avons vu, agissent des « matrices symboliques qui ne préexistent
nulle part, et qui peuvent, pour un temps ou pour longtemps, mettre
leur marque sur le cours des choses ». Dès lors, le thème de la mère
ou, en général, du parent de sexe opposé peut être considéré de
manière évidente comme l'exemple *par excellence* de l'action d'une

---

1. M. Merleau-Ponty, *L'institution, la passivité, op. cit.*, p. 45.
2. M. Merleau-Ponty, *L'institution, la passivité, op. cit.*, p. 73.
3. *Ibid.*, p. 74.
4. « L'histoire ne travaille pas sur un modèle : elle est justement l'avènement du sens »
(M. Merleau-Ponty, *Les aventures de la dialectique, op. cit.*, p. 30).

« matrice symbolique », une action efficace au point de nous faire croire que sa marque est décalquée sur un « modèle » posé à l'*origine*, comme Freud tend à le penser, lui qui utilise précisément le terme de « modèle »[1]. En réalité, il s'agit d'un thème exposé aux mêmes risques que les autres matrices symboliques : « disparaître sans que rien les ait détruites de front, par désagrégation interne, ou parce que quelque formation secondaire y devient prédominante et les dénature ». Sur ce thème, il me semble au fond que l'on peut soutenir quelque chose de similaire à ce qu'affirmait Roland Barthes au sujet des *Variations Diabelli* de Beethoven, lorsqu'il expliquait qu'elles « fonctionnent un peu comme l'œuvre de Proust », car Beethoven « feint de prendre la structure "thème et variations" mais en réalité la défait »[2].

Dans cette optique, si, au début de cette appendice, nous avons entendu Deleuze affirmer qu'une « différence originelle préside à nos amours », nous pouvons à présent préciser cette « différence originelle » au moyen de la conception de l'*éclatement permanent de l'« originaire »* que Merleau-Ponty oppose à la notion d'« origine »[3], et penser ainsi également le thème de la mère d'après ce qu'il écrit sur l'originaire dans *Le visible et l'invisible* :

> L'« originaire » n'est pas d'un seul type, il n'est pas tout derrière nous ; la restitution du passé vrai, de la préexistence n'est pas toute la philosophie ; le vécu n'est pas plat, sans profondeur, sans dimension, ce

---

1. « Toutefois, il ne faut pas que sa *libido* reste fixée à ces premiers objets ; elle doit se contenter de les prendre plus tard comme *modèles* et, à l'époque du choix définitif, passer de ceux-ci à des personnes étrangères » (S. Freud, *Über Psychoanalyse : Fünf Vorlesungen* [1909], Leipzig-Wien, Deuticke, 1910, trad. fr. par Y. Le Lay et S. Jankélévitch, *Cinq leçons sur la psychanalyse* suivi de *Contribution à l'histoire du mouvement psychanalytique*, Paris, Payot, 1966, p. 57 ; je souligne).

2. R. Barthes *et al.*, « Table ronde », *Cahiers Marcel Proust*, n. 7, 1975, p. 102.

3. « Il n'y a plus pour moi de question des *origines*, ni de limites, ni de séries d'événements allant vers cause première, *mais un seul éclatement d'Être qui est à jamais*» (M. Merleau-Ponty, *Le visible et l'invisible, op. cit.*, p. 318 ; je souligne).

n'est pas une couche opaque avec laquelle nous aurions à nous confondre ; l'appel à l'originaire va dans plusieurs directions : l'originaire éclate. [1]

Compris comme matrice symbolique, le thème de la mère n'est donc pas situé « tout derrière nous », ni ne sert « de loi à la série de nos amours », lesquels s'ensuivraient comme autant de variations. Compris comme matrice symbolique, le thème de la mère est plutôt un thème *déjà éclaté depuis toujours, et toujours à nouveau en éclatement* [2]. S'agissant de ce thème, plutôt qu'au rassurant « la mère, il n'y en a qu'une seule », il faudrait donc se référer à Pirandello pour dire — d'une manière dont on ne sait si elle est plus ou moins rassurante — qu'elles sont « une, aucune et cent mille ». Compris comme matrice symbolique, toujours à nouveau en train d'éclater, le thème de la mère, en somme, « va dans plusieurs directions » qui, tandis qu'elles nous accompagnent, en rencontrent d'autres, de provenances diverses, avec lesquelles elles génèrent des symboles dans lesquels ce thème ne peut qu'apparaître non reconnaissable comme tel — tout comme dans les *Variations Goldberg*, à en croire Glenn Gould, le thème n'est pas reconnaissable comme tel dans la descendance de ses variations.

Platon suggérait déjà, comme on le sait, qu'il faudrait considérer la matrice (*khôra*) comme « une espèce invisible et sans forme [*anoraton eidos ti kai amorphon*], qui reçoit tout » [3], tout en recon-

---

1. *Ibid.*, p. 165.
2. On peut peut-être comprendre dans ce sens la phrase qui prélude à la conclusion des notes de cours sur « L'institution d'un sentiment » : « La rupture même, la séparation d'avec cette source était déjà à la source » (M. Merleau-Ponty, *L'institution, la passivité, op. cit.*, p. 77). Quant à Deleuze, c'est dans *L'Anti-Œdipe* qu'avec Félix Guattari il écrira : « le père et la mère n'existent qu'en morceaux » (G. Deleuze-F. Guattari, *L'Anti-Œdipe*, Paris, Minuit, 1972, p. 115).
3. Platon, *Timée*, 51 a-b, trad. fr. par A. Diès, « Bibliothèque de la Pléiade », Paris, Gallimard, t. II, 1985, p. 207.

duisant à la paternité du modèle idéal la relation filiale de ressemblance. A l'époque, la nôtre, qui a mis en question cette dernière relation dans le but de renverser le platonisme, la matrice semble conserver une invisibilité qui ne la rend reconnaissable qu'indirectement, par le biais des ressemblances qui unissent sa descendance, tout comme le thème des *Variations Goldberg* selon Glenn Gould. En ce sens, le « quasi platonisme » que nous avons vu évoqué par Merleau-Ponty un peu plus haut, lorsqu'il commentait la proportion entre les amours du Narrateur et les compositions de Vinteuil, ce « quasi platonisme », disais-je, se verra précisé dans la réflexion ultime de Merleau-Ponty plutôt comme « non platonisme »[1], puisque les idées sensibles, du genre de celles qui composent cette proportion, apparaissent – écrira-t-il – « sans soleil intelligible »[2] et ne sont reconnaissables que par différence réciproque. Cependant, à y regarder de plus près, ce « non platonisme » pouvait être décelé jusque dans la phrase de Proust d'où Merleau-Ponty avait tiré sa proportion. On peut dire en effet que cette phrase déplore précisément le manque de « soleils intelligibles » qui éclaireraient les ressemblances entre les variations :

> A l'aide de Gilberte j'aurais pu aussi peu me figurer Albertine et que je l'aimerais, que le souvenir de la sonate de Vinteuil ne m'eût permis de me figurer son concert[3].

Ce ne sont donc pas les variations qui se trouvent préfigurées et éclairées par le thème ; nous pouvons plutôt affirmer que c'est le thème qui *se trouve* dans ses propres variations, au double sens de cette expression. Dans cette perspective il nous devient possible de

---

1. *Cf.* M. Merleau-Ponty, *Notes de cours 1959-1961, op. cit.*, p. 196.
2. *Ibid.*
3. M. Proust, *Albertine disparue*, dans *À la Recherche du temps perdu*, éd. cit., vol. IV, p. 84.

comprendre les considérations par lesquelles Merleau-Ponty conclut sa propre interprétation de la conception proustienne de l'amour :

> En échange de ce qu'on avait imaginé, la vie vous donne autre chose, et autre chose qui était secrètement voulu, non fortuit. Réalisation n'est pas ce qui était prévu, mais tout de même ce qui était voulu : on avance à reculons, on ne choisit pas directement, mais obliquement, mais on fait tout de même ce qu'on veut : l'amour est clairvoyant, il nous adresse justement à ce qui peut nous déchirer[1].

« ce qu'il y a à saisir est une dépossession »

Dans sa polémique implicite avec les jugements sartriens qui s'appuient sur le texte de Proust pour considérer l'amour « instants par instants »[2] – tantôt fascination, tantôt ennui – en le jugeant par conséquent illusoire et fortuit, Merleau-Ponty souligne donc comment, dans l'institution d'un sentiment, opère, secret et constant, un élément institué, comment y agit au fond une sorte de *tradition* qui, dans le passage que je viens de citer, révèle indirectement les traits qui sont attribués à l'inconscient freudien par la formule que Merleau-Ponty fera sienne dans le dernier cours qu'il pourra terminer au Collège de France : la formule « "je ne sais pas" et "je l'ai toujours su" »[3]. En effet, ce « qui était secrètement voulu », dans le passage cité ci-dessus, semble pouvoir s'appeler *désir*, mais il ne faut cependant pas lui attribuer la « clairvoyance » d'une force qui se donnerait « toujours "avant" », comme l'idée chez Platon, selon Deleuze. Ce sera tout au plus la clairvoyance *aveugle*

---

1. M. Merleau-Ponty, *L'institution, la passivité, op. cit.*, p. 75. La partie initiale de ce passage rappelle la phrase suivante de Proust : « Mais, en échange de ce que l'imagination laisse attendre [...], la vie nous donne quelque chose que nous étions bien loin d'imaginer » (M. Proust, *Albertine disparue*, éd. cit., p. 82), phrase que Merleau-Ponty cite quelques pages plus haut (*cf.* M. Merleau-Ponty, *L'institution, la passivité, op. cit.*, p. 72).
2. *Ibid.*, p. 65.
3. M. Merleau-Ponty, *La Nature, op. cit.*, p. 351.

d'une force qui *se cherche* dans les objets sur lesquels elle s'investit et qu'elle peut ensuite rétrojeter comme des idées sensibles, polarisant ainsi, à leur égard, des décisions qui, à peine accomplies, paraissent prises « depuis toujours »[1].

Parallèlement à l'importance de l'élément institué, Merleau-Ponty souligne par conséquent comment l'institution ne va pas moins *se trouver* dans les événements qu'elle rencontre, que ceux-ci en elle. Il reconnaît ainsi implicitement aux événements un versant d'« expropriation » de la subjectivité — celui que Heidegger appelle *Enteignis* — ; un versant qu'il est essentiel d'admettre pour tenter de trouver ce « remède aux difficultés de la philosophie de la conscience » que Merleau-Ponty cherche ouvertement dans la notion d'« institution ». Dans les notes de cours examinées ici, toutefois, ce dernier aspect n'est pas encore pensé et formulé avec la radicalité que suggère le terme que j'emploie pour le désigner — « expropriation ». Pourtant, cet aspect est déjà impliqué, de manière très évidente, dans le rôle décisif de ce que Merleau-Ponty appelle la « contingence », et sur quoi il attire l'attention de manière toujours plus insistante dans ces notes. Mais il s'agit d'un rôle encore décrit en termes de réorientation du sens[2] plutôt que d'expropriation. C'est avec une semblable radicalité que Merleau-Ponty cherchera par contre à le penser dans la phase ultime de sa production, lorsque l'enjeu philosophique ne consistera plus pour lui en la

---

1. Commentant les romans de Claude Simon pour son ultime cours, Merleau-Ponty notera : « La décision n'est pas *ex nihilo*, n'est pas de maintenant, toujours anticipée, parce que nous sommes tout, tout a des complicités en nous. On ne décide pas de faire, mais de laisser se faire » (M. Merleau-Ponty, *Notes de cours 1959-1961, op. cit.*, p. 214).

2. Quelques exemples : « [Les] contingences, aboutissant à cela, sont réordonnées » (M. Merleau-Ponty, *L'institution, la passivité, op. cit.*, p. 75) ; « La *Sinngebung* initiale [est] confirmée, mais direction différente, et cependant cela n'est pas sans rapport avec elle (*ibid.*, p. 77) ; « Nous allons voir que, de même, il y a un sens, à travers la contingence, une marche oblique de l'institution dans l'œuvre d'art, qu'ici aussi les contingences sont recentrées par elle et finissent pas recevoir un sens qui les dépasse » (*ibid.*).

recherche d'un « remède aux difficultés de la philosophie de la conscience », en parlant de « sujet [...] instituant, non constituant »[1], mais deviendra « l'élaboration des notions qui doivent remplacer celle de subjectivité transcendantale, celles de sujet, objet, sens »[2], à partir de l'expérience de « dépossession »[3]. C'est à l'égard justement de cette expérience que la description proustienne de la relation entre la petite phrase et le violoniste est emblématique, et elle est commentée de manière significative par Merleau-Ponty dans les pages sur lesquelles s'interrompt le manuscrit du *Visible et l'invisible* :

> Ce n'est plus l'exécutant qui produit ou reproduit la sonate : il se sent, et les autres le sentent, au service de la sonate, c'est elle qui chante à travers lui, ou qui crie si brusquement qu'il doit "se précipiter sur son archet" pour la suivre. Et ces tourbillons ouverts dans le monde sonore n'en font enfin qu'un seul où les idées s'ajustent l'une à l'autre[4].

Le terme d'« initiation » semble pouvoir rendre compte d'une telle expérience et de la discontinuité qu'elle peut introduire dans l'histoire d'un individu ou d'une collectivité. Il le peut sans doute bien mieux que celui d'« institution », qui semble plutôt suggérer la continuité de ces histoires. En outre, ce terme d'« initiation » permet d'éviter la dualité entre l'élément instituant et l'élément institué, ce qui impliquerait encore une fois la dualité entre activité et passivité. C'est peut-être précisément pour ces motifs que, dans sa toute dernière production, Merleau-Ponty tend parfois à penser le concept husserlien de *Stiftung* comme « initiation » plutôt qu'« institution ». Ainsi par exemple dans l'*incipit* de la note de

---

1. M. Merleau-Ponty, *Résumés de cours, op. cit.*, p. 60.
2. M. Merleau-Ponty, *Le visible et l'invisible, op. cit.*, p. 221.
3. *Ibid.*, p. 319. *Cf.* aussi M. Merleau-Ponty, *Résumés de cours, op. cit.*, p. 179.
4. M. Merleau-Ponty, *Le visible et l'invisible, op. cit.*, p. 199. *Cf.* M. Proust, *Du côté de chez Swann*, éd. cit., p. 346 : « Ses cris [*i.e.*: de la petite phrase] étaient si soudains que le violoniste devait se précipiter sur son archet pour les recueillir ».

travail du *Visible et l'invisible* datée d'avril 1960 et intitulée « Passé
"indestructible" et analytique intentionnelle, – et ontologie », en se
référant toujours à Proust, Merleau-Ponty écrit :

> Il y a du passé architectonique. *cf*. Proust : les *vraies* aubépines sont les
> aubépines du passé – Restituer cette vie sans *Erlebnisse*, sans intériorité,
> [...] qui est, en réalité, la vie "monumentale", la *Stiftung*, l'initiation [1].

Quoiqu'il en soit du terme employé, « ce qu'il y a à saisir est une
dépossession » [2], comme le rappelle une autre note de travail du
même ouvrage. Amour et musique, dans la *Recherche*, en donnent un
témoignage parfois bouleversant ; mais manifestement, à bien y
regarder, on peut dire la même chose de chacune de nos rencontres
avec le monde.

---

1. *Ibid.*, p. 296. Je me suis arrêté sur cet *incipit* dans le deuxième chapitre du présent
ouvrage. Je me permets donc de renvoyer à ce chapitre.
2. M. Merleau-Ponty, *Le visible et l'invisible, op. cit.*, p. 319.

198

table des matières

ACHEVÉ   D'IMPRIMER
EN AÔUT 2 0 0 8
PAR   L'IMPRIMERIE
DE LA MANUTENTION
A MAYENNE
FRANCE
N° 223-08

Dépôt légal : 3ᵉ trimestre 2008